나리꽃 예찬

나리꽃 예찬

초판 1쇄 발행일 2025년 7월 31일

지은이 | 김병찬
펴낸이 | 한향희
펴낸곳 | 도서출판 빨강머리 앤
디자인 | 한향희
출판등록 | 제25100-2005-28호
주소 | 대구광역시 달서구 문화회관길 165, 대구출판산업지원센터 411호
전화 | (053) 257-6754
팩스 | (053) 257-6754
이메일 | sjsj6754@naver.com

ISBN | 979-11-93743-97-3 (03810)

ⓒ 김병찬, 2025

*이 책은 저작권법에 따라 보호받는 저작물이므로 무단복제를 금합니다.
*이 책 내용의 전부 또는 일부를 이용하려면 반드시 저작권자와 빨강머리 앤의
  서면 동의를 받아야 합니다.

• 본 사업은 경상북도와 경북문화재단 '2025년 예술작품지원사업'으로 진행되었습니다.

나리꽃 예찬

김병찬 시조집

시인의 말

어머니는 아직도 내 오른쪽 어깨에 앉아 계신다. 퍽이나 눌러앉아 제 아들 모난 구석을 샅샅이 보고 듣고 간섭 아닌 간섭을 하고 계신 탓에 말하는 것이 어눌해도 글 잘 쓰게끔 다독여 주신다. 못내 아쉬웠던, 순탄하지 않았던 길을 손수 다듬어 주시어 내 젊은 날의 갈망이었던 주유천하를 어렵지 않게 안내하여 주신다.

그 세월을 모두 담아 보려 느지막하게 길을 나섰다. 연필과 공책과 카메라를 들고 동서남북을 다닌다. 뭇사람들은 여행이나 행사에서 남는 건 사진이라 했지만 내게는 사진이 전해준 글이 남는다. 여행 사진 속에서 심상이 튀어올라 심장의 고동 소리를 가라앉히고 발바닥에 물집이 부르트다가 글이 되어 지금 이렇게 흔적이 되었다.

우리 국어사전은 '녘'이란, 어떤 때의 무렵이나 어떤 방향·지역을 가리키는 말이라 한다. 동틀 녘이나 황혼 녘처럼 하루는 인생과 같다. 또한 인생은 하루와 같다. 벌써 황혼 녘에 다다랐으나 좀 더 나다니고 싶어서 새, 갈, 마, 되쪽 즉, 동서남북을 순우리말 혹은 어부들의 말을 빌려, 나리를 데리고 나리꽃 찾으러 다니며 쓴 기행 시조 모음을 내놓게 되었다. 다만 다녀온 지명을 내색하지 않는 것은 모두가 우리나라에 있기에 지면을 아끼고 싶기 때문이다.

 말이 나서 말인데, 심장이란 요망한 펌프질의 멈춤으로부터 다시 뛰기까지의 역동을 느껴본 사람이라면 남은 삶을 어찌 허투루 보내겠는가. 살려준 사람의 공덕을 어찌 모른 척 하겠는가. 신앙을 두르고, 하고자 하는 일을 돕고, 옆구리가 시린 빈 곳을 메우고, 사제간의 은빛 동경을 기차에 실어 밤의 은하를 마음껏 달려보고자 時와 詩라는 윤활유를 시도 때도 없이 공급하기로 마음먹은 찰나에 예술작품 지원 사업에 편승하게 된 좋은 운수가 하늘에서 은하철도와 같이 내려왔다.
 정작, 고향은 청도이지만 외지에 돌다가 귀향한 이곳에서 경사가 겹친다. 그 중앙에 나리꽃이 있다. 푸른 사파이어, 하얀 크리스탈, 붉은 루비, 검은 진주의 四神과 自然의 원색인 초록 에메랄드에 심취하며 글을 쓰는 아동문학가인 스승의 길에 항상 은하수 길이 있기를 기원한다. 또, 경북의 멋과 미래의 가치를 함께해준 경북문화재단에 감사드린다.

2025년 7월
청도 혜문정 별관慧文庭別館에서 김병찬

차례

시인의 말

제1부 새녘 나리

경주에 오면 ——— 14
겨울 국화 ——— 15
두 그루 소나무 ——— 16
겨울 연못 ——— 17
고드름 ——— 18
미추왕릉 ——— 19
단풍의 일생 ——— 20
천관사지에서 ——— 21
월성의 소녀 ——— 22
진평왕릉 다시 보며 ——— 23
보고 싶은 황룡사 ——— 24
볕 ——— 25
소나무 ——— 26
수월루 가교 ——— 27
보현산 별 따라 ——— 28
별 ——— 29
날마다 염念하노니 ——— 30

제2부 갈녘 나리

소리의 산 —— 34
고독 —— 35
고민 —— 36
염불 —— 37
소원所願 —— 38
분서焚書 —— 39
피향정 —— 40
중봉 조헌重峯 趙憲 —— 41
부월斧鉞든 선비들 —— 42
설경 —— 44
봄빛 —— 45

제3부 마녘 나리

금정산 범어사 —— 48
금정산성 —— 49
금정산의 봉우리들 —— 50
동문과 서문의 전설 —— 52
융단 같은 성내길 —— 53
망루에 서서 —— 54
정암진 대첩 지휘자 —— 55
충익사 앞의 상像 —— 56
세상을 저울같이 —— 57

지정된 길 ——— 58
왕후의 노을 ——— 59
나무는 나무를 낳고 ——— 60
약천사 샘 ——— 61
탐라순력도의 추인 ——— 62
슬픈 동굴 ——— 63
마라도 바람 ——— 64
철야徹夜 ——— 65
벚꽃 ——— 66
백일홍 ——— 67
삶은 바다에서 ——— 68
수평선 맞닿은 하늘엔 꽃구름 걸렸다 — 69

제4부 되녁 나리

기차를 타면 ——— 72
달성습지 ——— 73
대명유수지 ——— 74
우산같이 양산같이 ——— 75
천생산성 쌀바위 ——— 76
흙집에서 ——— 77
봉정사에서 ——— 78
병산서원 ——— 79
소수서원에서 ——— 80
호수 ——— 81

배롱나무 ——————— 82

제5부 바람의 나리

혼례 ——————— 86
오일장만 되면 ——————— 87
씨앗 ——————— 88
계관화鷄冠花 ——————— 89
홍시와 반시 ——————— 90
껍데기의 진실 ——————— 91
일주일의 기운 ——————— 92
금 나와라 은 나와라 ——————— 93
도깨비만 남아라 ——————— 94
효의 길 ——————— 95
치성致誠 ——————— 96
터무니없는 소동騷動 ——————— 97
입원 병동 ——————— 98
죽다 깨어나면 산다 ——————— 99
심장에 든 고통 ———————100
생수 ———————101
물은 물 ———————102
바람 ———————103
기다림 ———————104
비움 ———————105
중추 ———————106

아무렇게나 마구 되는대로 ——— 107
인연 ——— 108
사람아 사랑으로 ——— 109
묘지 ——— 110
담보擔保 ——— 111
돌아와 ——— 112
노인 ——— 113
인생 고苦 ——— 114
슬퍼서 운다 ——— 115
겨울과 봄 사이 ——— 116
분신分身 ——— 118
개나리 ——— 119
나리꽃 예찬 ——— 120

해설_이토록이나 아름다운 고향문학을 만나 | 김둘

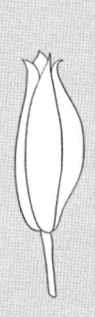

제1부

새녘 나리

경주에 오면

황남빵 너를 두고 오다가 들었노라
앙금 속 터질듯한 묵직한 울림소리
여기를 지나치다니 발걸음을 돌려라

한입에 베어먹기 아까워 바라보다
옆지기 눈총 탓에 감추듯 손에 담고
아깝긴 아깝겠지만 입속으론 오란다

겨울 국화

참방실
밖을 보면
봄인 듯 따스한데

국화는
겨울에도
시들지 않고 있어

신라의
왕조 기운은
숭혜전에 머문다

두 그루 소나무

바람이 불어오면
솔씨가 떨어져서

잡초와 잔디들을
못 살게 하더라만

하늘로
솟은 두 그루

세한삼우歲寒三友
으뜸목

겨울 연못

시름 속
식어가는
땅속의 물은 검고

시들은 꽃대처럼
물가에 비친 구름

시작된
겨울 애상이
나지막이 앓는다

시커먼 연못 속은
한세월 다 보내고

시들은 꽃잎 따라
물가에 내려앉은

서글픈 가을 만추가
서러웁게 우누나

고드름

어두운 눈발 속에
두 손을 맞대고서

밀든가 당기든가
애간장 뜨거우니

한여름
폭포수처럼
녹아버린
고드름

미추왕릉

뒷전에 모시고서
햇볕을 업었으니

저 먼 곳 눈길 주며
앞날을 생각하면

일렬의 업보길 마다
찬기마저 녹는다

단풍의 일생

단숨에 한 해 가고
다음 해 더디올 때

할 일을 마치고서
흙 위에 쉬고 있네

용처럼
길게 누워서
도약할 날 꿈꾸며

천관사지에서

각간은 천관보고
머물라 했더구나

천년이 지난 후에
영혼은 탑이 되고

재회한 바람의 소리
울릴 때도 됐구나

월성의 소녀

차가운 손바닥을
너에게 뻗어본다

잡힐 듯
천년미소
반월성
드러내고

수줍게 피어오르는
천년 속의
소녀여

진평왕릉 다시 보며

키가 큰 미루나무 홀연히 사라지고
부동의 소나무는 그림자 내려두고
봄 햇살 잔디위에로 고루고루 펼친다

새파란 지섶들이 봉토분 덮어주고
둥글어 반원으로 땅속을 끌어안고
역사속 진평대왕은 두 발 뻗고 계시지

수많은 삼국 전쟁 돌이켜 수놓자면
고구려 내려오고 백제도 쉬지 않고
숨돌릴 사이도 없이 대왕의 꿈 저물 때

강풍이 불어오고 흙비가 내리치니
서리도 참지 않아 곡식을 망쳤으니
왕이여 하늘로 가신 깊은 뜻이 있어라

사후에 남겨진 뭇 여식이 거뒀으니
왕경을 벗어나서 잔잔한 하늘 아래
아버지 애타 부르며 가슴 속을 후빈다

보고 싶은 황룡사

서라벌 어느 땅속 용의 눈 깜빡거려
태평을 염원하던 백성의 간절함이
불국토 신라 땅에서 칠처가람七處迦藍 되도다

흙 한 삽 퍼다 날라 금당을 짓노라니
백제와 신라국의 장인들 합심하여
구층의 목탑을 세워 아홉 나라 막고자

서천축西天竺 금과 철로 장륙상丈六像 주조하여
두 보살 옆에 모셔 황룡사 이름하고
삼세에 평안하도록 바라옵고 바라네

나날이 새로움을 창조한 덕업일신德業日新
덕으로 온 세상에 펼치는 망라사방網羅四方
신라의 국호마저도 홍익인간 나라 혼

그 후로 통일하여 삼국은 하나 되나
어쩌다 구한九韓 아닌 몽골에 불탔던가
남겨진 심초석 홀로 서러움에 젖는다

볕

얕으나 경사진 산
수림장樹林葬 언덕빼기

잠들어 쉬고 있는
보고픈 사람에게

한줄기
그리운 눈길
보내보고 있으니

하늘이 빛을 내려
숲풀을 관통하니

눈가에 아련해진
신기루 아지랑이

돌 위에
근심 버리고
따스하게 비친다

소나무

찬 서리 내릴 적에 따사한 빛 받으며
수중樹中에 내린 유골 포근히 감싸는데
풍경은 바람에 실려 은빛바다 속으로

온 길을 돌아보고 온 세월 돌려보고
어쩌다 저 소나무 반평생 살고있나
수림장樹林葬 건너 저편에 극락세계 있음에

너 먼저 왔노라니 나 따라 가려는데
땅속에 누워서야 자리를 잡는다고
소나무 수림장樹林裝된 채 부처처럼 서 있네

수월루 가고

달 담은
물
속에는
연꽃씨
내렸으라

한여름
고통 같은
진
흙
을 꿰뚫었던

굴곡진
삶의 흩트림
오고 감이
새롭다

보현산 별 따라

별빛로 지나가니 석양에 물든 하늘
골벌국 들녘 보며 움츠린 가슴 펴면
눈앞에 펼쳐진 배경 영화 같은 이미지

애잔한 여름밤에 물소리 달빛 타고
풀벌레 합창 소리 별빛을 반사하면
한줄기 은하수 물길 달과 별의 교향곡

그대가 보고파서 지긋이 눈감으면
흑갈색 밤하늘에 별들이 반짝이고
그중의 북극성처럼 달려오는 눈동자

기쁨은 살아있고 슬픔은 강 건너고
사랑이 가까우니 무엇이 두려운가
달이나 별들과 함께 만고불변 하자네

별

가을밤 반딧불이 별들과 상생할 제
공허한 달빛 시름 눈앞의 인생이라
피다만 한송이 꽃에 이슬만이 내리네

별빛이 따라올 때 발걸음 흔들리면
가던 길 멈추어서 뒤돌아 보고 싶어
사랑은 어디에서라도 핏줄처럼 번지네

한동안 몰랐더니 하늘의 밤기운이
밝음을 보듬으며 의심을 거두라네
별들은 제 스스로를 밝힌 것이 아니니

너에게 말 건네네 나 없이 살라는가
별처럼 혼자서는 빛내지 못하리니
나한테 오라지 않나 태양 같은 빛 줄게

날마다 염念하노니

꽃피고 새가 울고 춘하春夏가 깨어나면
흐르는 물길 따라 수심守心은 강해지고
불토佛土는 정적靜寂이어도 동적動的으로 가노라

바람이 스쳐 가고 추동秋冬이 익어가면
물오른 초목 따라 동심動心은 굳어지고
정토淨土는 청정하므로 수행修行하여 가노라

곳마다 고요하고 날마다 염念하노니
상심은 사라지며 기쁨은 배倍가되고
부풀은 내심으로부터 연화세계 이른다

제2부

갈녘 나리

소리의 산

저 앞에 봉우리가 눈 마중 하고 있네
발밑에 부서지는 낙엽들 날려가니
초라한 몸뚱이까지 붉은 애무 물든다

산길은 처연한데 발걸음 도도해라
구도는 나무 끝에 그치고 걸리어서
살 같은 깨달음만이 마음의 병 꺼낸다

눈앞에 정을 두고 손안에 거두려면
한 발짝 안심하여 나서서 반기고서
미미한 미움마저도 찾아내어 죽여라

구성진 목탁 소리 일정한 구도 소리
숲속은 절집 안고 큰 강을 건너간다
확 트인 수미산이라 아름다운 곳이네

고독

산사의 연못 속에
슬픔이 흩어지고

수면의 단풍잎은
홀로 서 떠 있으니

잔잔한 번뇌마저도
깊어질까 두렵네

고민

산사의 연못물에
홍예교 흔들리고

수면의 단풍잎은
외로이 떠 있으니

일상사 번뇌마저도
가을빛을 닮았네

염불

마음의 고통보다
따스한 관심들이
별다른 제재 없이
전하여 내려오니
공염불空念佛 던져버리고 관심받아 살피네

정신이 아둔하니
진부한 훈육들이
때마다 소리치니
오만함 뿌리치고
타염불他念佛 귀담지 않고 경전 속을 살피네

신체가 위험하니
죽을 듯 살고 있어
집착의 소용돌이
바다에 밀어 넣고
아염불我念佛 심중에 담아 부처 될 길 살피자

소원 所願

곱상한 네 머리를
못 볼까 두렵구나

또렷한 네 가슴을
못 볼까 아쉽구나

시작과 끝이 없어도
하늘 아래 한평생

총명한 네 지혜를 헤아려 얻고 싶어
포근한 네 마음을 헤아려 알고 싶어
보살께 빌고 또 빌어 일심광명 一心光明 되고자

은혜를 알겠으니
갚으며 살겠다고

석등의 화사석에
등불을 밝혀두고

대웅전 어간문 於間門 앞을
합장하고 걷노라

분서 焚書

솔밭길 걸어가며
송진내 맡고서는

일신 一身의 진위피접 眞位被接
손결에 담았다가

애통한 어리석음을
불꽃 따라 보내니

연기는 솔가지에
휘돌며 사라지고

핏기를 잃었으니
나비와 다름없어

절 마당
구석진 곳에
윤회하며 맴도네

피향정

멀게만 여겨졌던 우물골 제일 누정
꽃신을 동여매니 단번에 오겠더라
중천에 떠나왔건만 석양빛이 남았다

멀고도 먼 곳 같은 백제 땅 밟아보니
흙냄새 사뭇 달라 적황토 따스해라
연향기 가슴속까지 품어지는 피향정

누정을 몸소 거닌 선비들 생각하면
흠모가 하늘 닿고 존경이 땅에 남아
마루 위 오르고 올라 뜻에 따라 걷는다

연꽃이 가득하면 상연지 풍월 소리
밤꽃이 활짝 피면 하연지 풍류 소리
세월은 흐르고 흘러 연지蓮池까지 합쳤네

연유야 어떠한들 지친 몸 누일 때면
이 몸이 선비 되고 소리가 금상今上이라
호남의 제일 경승지 선향仙鄕으로 여긴다

중봉 조헌 重峯趙憲

조만간 죽어질지
알다가도 모를 일에

선비가 총칼 드니
하늘마저 감읍感泣하니

의로운 구국 충의가
온 만방에 떨치고

반겨줄 옥황상제
눈물겹게 맞이하나
항마降魔에
탱천撐天하며
요절夭折 속에
분기憤氣하여

아직도
칠백의총七百義塚에는
혼백魂魄마저
용勇하다

부월斧鉞 든 선비들

요신妖神을 어찌 알아 사당을 철폐하고
통간通姦의 맥을 알아 백의의 지부상소
중봉과 면암께서도 뒤를 이어 극간언極諫言

왜놈의 사신 목을 반드시 베야 하오
왜놈과 통상조약 부당하니 베야 하오
보소서 거적자리에 도끼를 두었다오

강직한 곧은 심지 역학을 통달하여
올곧은 성품이야 군자라 마땅하고
늙어서 돌이켜보던 시조 두수 전하네

인생의 덧없음이 서글퍼 지더이다
청춘을 앞에 두고 백발을 뒤에 두고
생가 땅 떠나와서는 칠백의총 만드네

하늘서 평화롭게 피 묻은 손 씻고서
배알拜謁한 임금 앞에 구국救國을 환영함에
아직도 혀 꼬부라진 침략 만행 남았네

볼 거다 앞으로도 이국의 원수인데
피 흘려 지켜왔던 산하를 넘보는 건
우리가 내려간다면 도끼 들고 갈 거다

두고 볼 필요 없이 싸웠던 조선이여
한탄해 무엇하랴 없어진 나라인데
조용한 아침의 나라 부르짖던 이중성

선양宣揚한 위인들을 불러서 호국이라
지금도 그분들은 양손에 도끼 들고
선비가 나라 지키는 참모습을 보인다

설경

백설이 쌓인 길 위
마주 본
네
발자국

사랑이 떠나가면
남는 건
두
발자국

한겨울
흰 눈만
보면

헤어진
이
그리워

봄빛

봄날에 빛을 물어
들판을 가다 보면

실개천
물 내음은
파릇이 길을 열고

포근히
다가와 주는
들꽃 향기
반갑네

제3부

마녀 나리

금정산 범어사

들어서 접하는 문 손 모아 합장하고
모든 법 모든 진리 일체가 통하여서
불국길 오르내림에 발걸음이 가볍다

비우고 명상하면 자연에 동화되고
숲속길 걸어가면 산소리 푸르르니
조계문 삼해탈문의 일심一心 상징 웅장타

천왕문 소나무는 용처럼 꿈틀대고
악 기운 내쫓고서 한 걸음 더 나가면
분별이 본전 이르는 불이법문不二法門 지나고

줄지은 스님들은 박석을 밟으시며
연기緣起는 백성 보호 염송은 화엄 신중
현몽신現夢神 꿈속 나투샤 화장세계華藏世界 범어사

금정산성

물길은 굽이굽이 낙동강 하구 되고
발길은 솜털 같고 산길은 융단 같아
부산의 진산이라는 금정산성 첫걸음

고당봉 지날 때면 원기가 샘솟는다
황금색 물기운에 한 마리 금빛 범어
우뚝 선 바위 위 구멍 석공 솜씨 빛난다

성벽 길 꿈틀대며 산세를 휘감고서
제일의 규모답게 네 방향 둥근 모양
바다를 지켜나가는 위용마저 거세다

천 마리 거북이는 장수를 상징하고
별주부 만 마리는 충성심 깊다 하니
금정산 어디에서나 천구만별千龜萬鼈 보인다

약수터 샘솟는 물 애간장 녹이면은
막걸리 한 사발에 큰 시름 사라지고
백발과 잊은 얼굴을 산속에다 묻는다

금정산의 봉우리들

산세가 크지 않아 황금색 샘물 솟고
서쪽에 파리봉은 칠보중 수정이니
금정산 어디에서건 보석 아닌 곳 없다

억새밭 천국이라 은백색 화랑군무 花郎群舞
북쪽에 장군봉은 통일을 기원하니
금정산 어디에서건 호국 아닌 곳 없다

금샘이 인접하여 영험 큰 곳이로고
최고봉 고당봉은 불사가 번창하니
금정산 어디에서건 불국 佛國 아닌 곳 없다

산에서 바라보는 동해의 망망대해
그 자리 의상봉은 대호 大虎가 포효하니
금정산 어디에서건 망대 아닌 곳 없다

새벽의 총총한 별 기도처 알려주고
닭울음 계명봉은 계명암 전설이니
금정산 어디에서건 전설 아닌 곳 없다

어둠을 헤치고서 동해에 떠오르는
새벽의 원효봉은 새벽의 으뜸이라
금정산 어디에서건 광명 아닌 곳 없다

자연의 신비로운 자태를 겨루는 듯
닭 형상 상계봉은 수십 길 직벽이니
금정산 어디에서건 매력 아닌 곳 없다

동문과 서문의 전설

한사람 욕심 많고 한사람 기술 많고
어차피 지을 거라 갈라져 있다 해도
공사가 시작된 뒤에 힘 나눠진 공명심

동문東門은 욕심으로 선생이 웅대하게
서문西門은 미적으로 제자가 정교하게
수심이 쌓이다 보면 천태만상 보였고

고개에 동문이라 전망이 뛰어나고
계곡에 서문이라 낮지만 요새로고
전설은 금정산성을 오래도록 지킨다

융단 같은 성내길

팔 벌려 세상 담아 바위 끝 서 있노라
바람 찬 하늘 아래 갈등은 솟아나고
떠나자 금정 속으로 샘과 같이 살리라

임 찾아 왔노라던 그 이는 바람결에
성곽 안 융단 길 위 살포시 내딛는 발
한걸음 늦어질수록 깊어가는 경외심

망루에 올라서서 남쪽을 바라보면
풍성한 수목들과 짙푸른 바다 물결
한순간 드라마틱한 천하절경 보노라

성벽을 곁에 두고 깃발이 펄럭인다
성안에 두고 왔던 연정戀情도 끄덕인다
우주의 인드라망이 산성 속에 갇혔다

망루에 서서

꽃길로 눈 부리고
산길에 땀 내리고

금정산 성곽 따라
봉우리 지나치고

확 트인 망루에 올라
부산 바다 보노라

화사한 단청 문양
구름과 펄럭이고

한바탕 웃어보니
금색 빛 무늬 퍼져

마음속
깊은 수렁은
산성 너머 꺼진다

정암진 대첩 지휘자

허우적 기어 오는 왜적들 말소리가
정암진 늪지대에 스미듯 젖어 들 때
온몸의 부스럼 같은 가려움이 도져서

산처럼 우뚝 솟은 횃불은 화살 되어
도륙의 본보기를 손꼽아 보였더니
날아서 오지도 못해 남강 바닥 훑던 날

붉은 옷 갈아입은 무사가 유생이라
문무를 겸비해도 나란들 알아주랴
하물며 적들조차도 그 눈빛을 모른다

정답이 오답 되니 과거를 버리고서
낚싯대 드리우며 남강에 뭍을 찰나
임진년 그때만큼은 큰 벼슬을 얻는다

충익사 앞의 상像

한 많은 칠년전쟁 임진년 막이 올라
정유년 흘러가도 못 참는 왜놈 야욕野慾
그때를 알지 못했던 임금 심상心狀 뜯으면

바다는 충무공忠武公이 진주성 충무공忠武公이
모질게 지켰는데 한양궁漢陽宮 버려두고
그렇게 심약했던 왕 여러 백성 죽였지

충장공忠壯公 어찌하고 충익공忠翼公 내몰았나
알고서 지낸 세월 몇 개월 뿐이던데
충신을 갈라놓게 하고 자리보전 하였지

후세엔 장군님들 유명을 보존하사
광장엔 임금 동상 진작에 없다마는
의병장 기운이 서린 숭고한 뜻 새긴 상

세상을 저울같이

누구의 형편으로 형평과 혼돈하여
살고자 잡았거늘 반열에 못 끼누나
애달픈 목소리 높여 인권 찾아 가보자

아버지 길러진 뒤 먼 길을 갔다 해도
남겨논 재산이라 칼질로 허덕인다
베이는 심장 속까지 조상을 원망하랴

무심한 배곯이라 슬퍼도 허기 지고
지침은 일상처럼 밤이면 몸져누워
사실은, 살고 싶어도 사는 것이 아니다

지정된 길

날 낳아 기르더니
소 돼지
잡게 하네

누구는 세 붓 들고
과문科文을
통과하래

그렇다,
산다는 것이
이길 저길
다르니

왕후의 노을

파사婆娑를 싣고 오다 숨을 곳 가려 하다
해풍海風에 흔들대다 금바다 다 못가네
슬픔의 눈물 흘리니 수로왕 손 내밀고

눈물을 거두고서 행차차 오른 길에
농익은 석양 아래 광목천 쳐다보네
고향을 그리워하는 허왕후의 눈망울

나무는 나무를 낳고

남해변 해식애를 비추던
햇살 살기

산사를 휘감고서 염불혼
거두고서

아득히 넘어가려는 하루일과
붙든다

나무는 아미타불 아이는
가야국왕

염원의 불공 소리 애타게
소멸할 때

하늘 끝 붉은 천 조각 여린 나무
싹 튼다

약천사 샘

샘솟는 물을 보면 진리가 넘쳐나리
약이 된 이름으로 용천수 도욕샘은
꾸준히 분출해 내고 사부대중 맞는다

일주문 기둥 같은 제주도 돌하르방
야자수 둘러 쌓인 사천왕 금강역사
큰 섬에 큰절이 있어 심신 마중 가본다

한 손에 걱정 들고 두 눈에 관광 넣고
누리는 호화생활 큰 법당 조족지혈
모르게 지나가는 줄 대중이여 아는지

참됨은 염주 들고 인격은 염불하고
찾아온 행복 동행 비로불 발아래로
아무도 분별없음을 어찌 알고 가는가

탐라순력도의 추인

과녁을 맞힌 화살
추인이 짊어지고

줄 타며 올라올 적
폭포수 내려보는

아래위 물줄기 합친
화폭 속에 나타나

외줄에 묶인 채로
공포는 제 몫이고

병사는 나 몰라라
과녁만 바라볼 뿐

그대는 마애명磨崖名으로
천제연에 남았네

슬픈 동굴

일출봉 성산 밑에 뚫린 벽 여럿이라
무심코 들은 사실 몸서리 쳐지더라
어떠한 연유였을까 조심스레 가본다

사삼(4·3)을 떠돌다가 강점기 속내 들춰
그놈들 하려 했던 전쟁 질 남긴 흉터
애절한 치욕 안고도 검은 벽은 말 없다

도민은 슬픈 역사 다행히 멈췄지만
이끼 낀 동굴 안은 슬기가 회오리쳐
흔적은 이리 많은데 말 한마디 못한다

이제는 그냥 둬도 부서질 기미 없고
숨긴들 역사인데 못 보게 막아두니
단숨에 그르친 것은 해일海溢만이 아니다

마라도 바람

등대로 불어대는 샛바람 거칠어도
억새들 갈빛 모아 배편에 기별奇別 주면
눈부셔 눈 비비고서 풀빛 융단 밟는다

서쪽의 하늬바람 선선히 불어오면
가을 녘 섬마을에 먹거리 즐비하네
톳이나 방풍 막걸리 입안 가득 드간다

최남단 비석 위로 마파람 불어올 제
혼 섞인 파도 소리 해식애 포옹하며
희귀한 생태계 담아 해녀 물길 살갑다

삭풍은 한숨 쉬고 액막이 치성드린
할망당 애기업개 한 따라 정성 따라
망종 때 들어왔던 손 온갖 신앙 녹인다

동서로, 남북으로 팔방에 불다 보니
항해자 표류하여 이 섬에 도착하듯
관광객 오고 가면서 금빛 보화 던진다

철야 徹夜

떨어진 홍엽紅葉이라 노을빛 닮아가고
봉우리 첩첩마다 작은 새 지나가면
만추가 들어서는 듯 일주문이 열린다

지붕에 노을 내려 유황색 들판 위에
오래된 나무둥치 오방색 단아하여
인욕이 뿌리내린 듯 대웅전이 부푼다

줄지은 연등불빛 큰 법당 인도하니
문고리 잡고 열어 사뿐히 들어가면
부처님 내려오신 듯 수미단이 커진다

사르는 해탈 향은 도량이 청정하고
밝히는 반야 등은 중생이 지혜로와
장엄한 불보살님께 철야기도 드린다

벚꽃

눈처럼 사뿐거려
다가온 발걸음에

살갗을 간지르고
가슴에 들어와서

봄비가 내리기 전에
자리 펴고 앉았네

살며시 눈을 뜨면
옆모습 보이더니

머릿결 흩날리며
길섶에 떨어져서

널 위해 웃으라 하니
봄바람을 원망네

백일홍

자줏빛 태양 아래
철
따라
솟아 올라

한여름
불꽃 되어
지고지순 살다가

별이 된
너를 그리며
밤 마중을 가노라

밤마다 속삭이며
아침을 기대하고

속삭인 잎사귀는
제 몸을 간질이며

백일만
살다 간다고
굳은 약속 지키네

삶은 바다에서

살며시 눈감으면 하늘은 숨죽이고
햇살도 입 다물면 온몸은 차가웁다
발밑의 파도 소리는 인생 만사 이야기

바닷가 모래 위에 나 홀로 서 있으면
하늘은 파란만장 인생길 알려주고
파도가 쓸리고 밀려 생사고락 느낀다

처얼썩 그리움은 노년을 일깨우고
차르륵 고독함은 중년을 갉아먹고
사르르 모래 쓰는 소리 소년 시절 같구나

한참은 슬픈 길로 한참은 기쁜 길로
오가던 도피처를 파도야 알랴마는
어차피 육지를 떠난 함선이면 가련다

먼바다 노를 저어 대양을 포옹하려
긴 세월 뒤에 두고 햇살을 받으면서
오너라 부르는 소리 망망대해 떠돈다

수평선 맞닿은 하늘엔 꽃구름 걸렸다

꽃길을 걸어가다 모래를 밟았노라

자국이 남겨지는 바닷가 모래사장

다시금 고통 속으로 빠져들면 어쩌나

저 멀리 수평선을 시리게 바라보면

바람이 머물다가 손사래 흔들 듯이

긴세월 살아오다만 넋두리를 뱉으니

만고에 우리 인생 서툰 적 있었던가

망상罔象이 찾아와도 망상妄想에 찌들려도

수평선 맞닿은 하늘엔 꽃구름이 걸렸다

제4부

되녘 나리

기차를 타면

칼날이 목에 들어 수치심 가득이라
섬광閃光은 머물다가 뇌리에 파고들고
여정旅程 속 혼돈상태는 눈길마저 감추나

몸 하나 집어넣자 벅차서 어찌할꼬
냉소의 인간 만사 무심히 버리고서
타인들 행동반경에 채색되듯 들어가

아찔한 쇳덩이에 몸뚱이 의지하니
숨결이 살아나서 공간을 둘러보자
순간의 희로애락이 양곡暘谷 따위 메우네

아찔한 철길 안고 바다 쪽 가려다가
해안선 가기 전에 가슴팍 후련하니
어디든 아름다움은 슬그머니 오더라

달성습지

풀벌레
소리마저
땡볕을
녹여내고

다정한
문우들이
글로써
화답하네

습지는
옛 시절 간듯
장단 맞춰
웃는다

대명유수지

물 없는
진흙뻘에
물억새 그림 같아

구름은
높은 데서
바람은 등허리로

폭염의
풀길위에로
햇살 보며 걷는다

우산같이 양산같이

하늘 끝 파란 언덕 무리진 흑백 구름

황토물 연이어진 낙동강 홍수철에

월천길 한숨 붙들어 손아귀 진 양우산

비 오니 너를 들고 바쁘게 뛰어가고

해 뜨니 너를 안고 천천히 가게 되네

너희 둘 어느 모로 나 동고동락 한평생

천생산성 쌀바위

하늘이 낳았다는 천생산 서쪽에는
끝자락 튀어나온 큰 바위 있었는데
망우당 흰쌀 쏟으며 검정말을 씻겼대

왜적들 어리석게 속아서 도망가니
아군은 피 한 방울 흘리지 않았다네
하늘도 덕을 베풀어 천생산성 지켰대

전설은 나라 살린 영웅들의 발자취
먼발치 바라보는 미덕암 그 위엄이
세월 속 그림자처럼 존재하고 있으니

검정말 조각하여 다듬어 세워야지
장군의 지혜로운 무용담武勇談 잊혀질라
산하山河도 하이얀 쌀을 애끓도록 지켰네

역암礫岩이 지천으로 깔린 길 오르기를
돌과 돌 부딪히는 만고의 세월 담고
평생의 삶을 엮어서 붉은 조각 이으라

흙집에서

선생의
강아지똥
향기 난 마을 지나

살다 간
선생 닮은
흙집은 그대론데

찾아온
문사들 향해
흐뭇하게 웃는다

봉정사에서

찬찬히 밟으면서
지그시 눈을 감고

마음속 거친 생각
한숨에 삼켜 본다

수미단 깊은 골 아래
내려앉은 인생고

병산서원

낙동강 저마다에 생명이 움트누나

병풍이 둘러쳐진 드넓은 강변 있어

병산천 바라보던 이 선비들의 꿈으로

간소한 만대루는 출입을 막아두고

입교당 마루에는 사람들 시끌벅적

백일홍 꽃 시절 지난 병산서원 속으로

소수서원에서

하늘 천 공경할 경 우렁찬 남아 소리

강학당 모여 앉아 일성을 내지르니

하늘을 베어낼 듯한 선비정신 움트네

시인이 머물 자리 경렴정 지어놓고

배향한 회천선생 긴 세월 기록 남겨

우리도 시문을 익혀 문장가가 되려네

호수

한낮에 해를 안고
한밤에 달을 품어

가을빛 오색 담아
먼 산을 바라보는

경포호 변화무쌍은
삼라만상 불변사

배롱나무

백일홍 꽃대 아래 미끈한 살갗 보니

자줏빛 꽃펴놓고 한사코 떨구더라

이제는 찬바람 일어 헐벗어서 어쩌누

자미원 상상하며 동안거 들어가서

눈맞고 냉풍 업어 새 봄날 기다리다

꽃만을 보던 사람들 무심결에 샘낸다

제5부

바람의 나리

혼례

능금빛 홍조 띠고
가마 탄 새색시가

강 건너 들판 지나
기와집 당도하니

선머슴 다소곳하게
앳된 얼굴 붉히네

오일장만 되면

어릴 적 장날 되면 엄마 손 깍지 끼고
전대는 허리춤에 잔돈을 가득 담고
외상값 받으러 가며 운동화 끈 졸랐지

땅바닥 깔고 앉아 덕 볼 것 없는데도
시장이 거래처라 돈통엔 지폐 가득
자릿세 낼 듯 안 낼 듯 눈치 보는 촌 할멈

한숨을 숨기는 듯, 등 뒤로 가봤었지
꼬질한 손등 아래 한 움큼 담배 개비
첫 마수 아직 못했소, 보란 듯이 으름장

씨앗

씨앗이 떨어져도 열매가 없는 것이

땅속을 걸어가도 물길이 없는 것이

아무리 옥토(沃土)라 해도 씨앗 속을 탓할까

무엇을 기다리다 씨앗을 탓하는가

열매를 원했다면 기다림 끝없어야

아무도 알 수 없는 일 땅과 씨만 말한다

계관화 鷄冠花

두고 온 고향 땅에 서릿발 내리거든
그때쯤 녹아내려 씨내린 붉은 꽃은
이듬해 입신양명할
인재들을
찾는다

무리 진 생김새가 닭의 볏 모양새고
곧게도 자라나니 선비를 아는 듯이
장독대 돌 틈 사이서
독보적인
존재다

분꽃과 채송화도 여름날 견디면서
은은한 밤 밝히고 집 마당 불 밝히며
엄마 꽃 덩달아 와서
동문수학
한단다

홍시와 반시

발갛게
익은 감은
홍시라 부른다오

씨 없어
반시라니
그 이름 야릇하오

씨앗이
없을지라도
생명됨이 장하오

껍데기의 진실

겉으로 단단하니 속에도 단단할까

부수어 보란 듯이 몸체를 돌려대니

한방에 깨뜨렸더니 겉과 속이 다르네

속에는 씨앗이고 겉에는 원형 장막

가릴 곳 가렸어도 껍데기 희롱하지

아무도 닿지 않으면 속과 겉을 모르지

일주일의 기운

해 기운 받아다가 머리에 심어놓고
달 기운 챙겨다가 심장에 꽂아놓고
세상에 달과 해만큼 중요함이 어딨노

불기운 끌어당겨 살갗에 갖다 대고
물기운 담아놓아 몸속에 쏟아 넣고
세상에 물과 불만큼 필요함이 어딨노

목 기운 숨을 쉬어 콧속에 불어넣고
쇠 기운 강인함을 골격에 붙여 넣고
나무와 바위에 있는 쇠붙이는 어떤가

이러한 모든 것들 흙들은 포용하고
해 없이 달도 없이 불 없이 물도 없이
지구는 우주 기운을 조건 없이 받는다

금 나와라 은 나와라

도깨비 오기만을
기다린 보람이라

단숨에 달려가서
껴안아 보려는데

너 또한 도깨비여서
방망이가 둘이네

도깨비만 남아라

몸 안에 허깨비가 헛기침 해대더니
속앓이 핏기 돌아 밖으로 뛰쳐나가
이른바 허깨비 기침, 도깨비만 남아라

남몰래 하는 일이 공덕인 것이리라
이뭣고 한마디에 재물욕 사라지고
사실상 몸뚱이 하나 살리려고 애쓴다

어차피 산듯하나 죽은 듯 살아있어
누구든 정진하면 부처라 하였듯이
도깨비 바라는 것이 숨 쉬는 것 같더라

효의 길

정신을 비호庇護하는 단심丹心의 호위무사
마음을 사로잡는 양심良心의 수라집사
그들은 어디에서도 있지 않을 것이라

아버지 살아실 제 무사武士라 하였을 때
어머니 계실 적에 집사執事라 하였거늘
아마도 아직까지는 나의 처지 아님을

아들딸 너희들은 이 세상 끝에라도
어설피 살지 말고, 가거든 알리거라
반드시 살고 죽어도 남는 것이 있나니

치성致誠

부처님 보고 싶은 우리네 중생들은
기쁨도 치성이고 슬픔도 치성이라
청정수淸淨水 한 모금으로 지친 일신一身 녹이고

공양물 올리면서 악감정 짓누르고
공덕을 회향하며 사만邪慢을 떨쳐내어
향공양香供養 불꽃 속으로 거친 욕심慾心 던지고

손바닥 비빌 때면 처량한 두 눈 떠서
마구니 구분하여 분별심 거두고자
신중탱神衆幀 세계 속으로 미친 혜안慧眼 버리고

치성을 모두 모아 삼도천三途川 경계까지
하근기 불심이나 두타행 실천하여
삼악도三惡道 가지 않고자 자비심을 기른다

터무니없는 소동騷動

소중한 가슴 두고 어디로 가려했나
내 모습 어쩌자고 숨까지 멎었더냐
할 일은 태산 같은 데 어디 벌써 가려나

슬프게 고인 눈물 안중에 없더라네
생사가 눈앞에서 불처럼 튀더라네
숨 가쁜 마룻바닥 위 툭 떨어진 염통네

피붙이 금속 심장 몸속에 묻었으니
더 크게 눈뜨고서 가을에 올랐으니
다가올 찬바람 따위 무섭지가 않으리

입원 병동

입원실 방안에는 침대가 넷이어라
한 줄에 두 개 놓여
네 방향 잡았으나
아파서 들어온 사람 세명이서 있는데

동남쪽 아래턱에 말 많은 노인네가
입구 벽 전등 버튼
함부로 눌러대니
고통 길 되돌리려는 환자 두 명 화들짝

어둡게 밀려들던 생사의 기로에서
애먹고 밝은 곳에
숨 살려 왔더니만
불빛을 켜고 끄는 것이 생명줄과 같구나

죽다 깨어나면 산다

심장이 멎는다고 죽지는 않더이다
흩어져 운동하던 산 사람 모이더니
가슴에 두 손 모아서 압박하면 깨려나

다시금 전기충격 손 바쁜 구급대원
모였던 사람들의 애절한 시선들이
생과 사 전후좌우를 순식간에 깨치고

스산한 사의 현장 구급차 빠져나가
멈췄던 시간들이 뒤따라 밀려오면
인간은 제 나름대로 죽다가도 깨더라

심장에 든 고통

심장 옆 피부밑에 고통이 담겼어라
빼내도 되지마는 숨 멈출 조짐이라
생명줄 연장하기를 이렇게도 하구나

한탄해 무엇하랴 없으면 그도 없고
아픔이 소리쳐도 홀로서 감당하니
부를 듯 몸부림치면 대답 없는 너로다

특발성 심실세동 무엇이 이유인가
남겨둔 숨마저도 스스로 못 쉰대도
서럽지 않으리라고 조상님께 전한다

생수

살아야 하느니라,
온대로 오늘처럼

험한 길 왔다 하나
지금은 길 없음에

생물도 싫어하는지
없다고만 하더라

물은 물

강물은 어김없이
흙바닥 훑어낸다
돌마저 긁어내며 제 맘껏 걸어간다
이 심사 배알꼴리듯 고토 회복 헤맨다

냇물은 소리 없이
도랑을 내려간다
손등을 간질이며 웃으며 멀어진다
다시는 큰물 보기를 냇물처럼 하겠다

빗물은 하늘 아래
한참을 퍼붓더니
도랑에 떠다니다 강물에 보태지고
이 심사 물과 같으면 무용지물 되려나

바람

그리움 가득한데
떠난 임 못 오시나

섣부른 애간장이
십 리를 못가누나

바람아 갈 곳 어디든
이내 심정 얹어라

가신님 되돌리어
모셔 올 꿈꾸거라

한바탕 소용돌이
그걸로 족하리니

간다고 무심한 척이
이내 심장 들끓네

기다림

한
마리
작은 새의
달콤한 소리 짓이

쉴
새를
주지 않고
가지를 흔들더니

온
몸이
전율이 일어
바닥으로 내린다

비움

머무는 것이 없어
마
음
을
내지 못해

집착을 치료하니
고통이
따라오네

마
음
은
무아지경을
내놓으라
하는데

중추

청명의
하늘 아래
오곡이 푸르구나

달집을
태우면서
염원을 두드리면

중추절
그 한가운데
밝은 미래 움튼다

아무렇게나 마구 되는대로

관심이 느려지면 나무도 제멋대로
가꾸고 해볼 즈음 인간고 먼저여라
내 몸이 온전치 않아 저들에게 무관심

가을엔 감나무가 시골 뜰 뻗어있고
대추 알 주렁주렁 숱하게 열렸건만
한순간 손길 놓치니 저들마저 병든 꼴

대문을 열고 드니 마당에 길이 없어
장맛비 지난 뒤라 잡초들 밀림 같아
사람도 허투루 하면 저들처럼 되리라

인연

먼 곳의 구름 따라 너 간 길 가노라면
돌멩이 부지기수 발아래 밟히더니
간 곳이 어드멘지도 모르는 채 서 있다

다시금 걸어가다 가슴이 아려오면
슬픈 듯 저 구름은 먼 산을 넘어가니
무심코 던진 마음을 담으려고 서 있다

일전에 너를 봤어 날 찾아 왔던 너를
아무런 말도 없이 눈망울 키우더만
구름아 저 산 너머에 나 같은 임 있더냐

사람아 사랑으로

만나고 헤어져도 영원히 사랑으로
빠르게 흘러가도 사랑은 영원으로
하물며 메뚜기 한철 뜨겁게도 불타듯

애타게 기다려도 응어리 처진 가슴
살포시 내리밟고 강가로 홀로 가면
철새는 제 하늘에서 뒷모습만 보이고

석양빛 수면 위로 물무늬 붉게 되면
홍조 띤 얼굴 보고 자책을 쓸어 담고
사람아 못난 사람아 사랑으로 살자니

꽃구름 해를 가려 자미원紫微垣 보일 때라
울면서 고개 들어 눈물은 흘리리라
잔별들 모여있으나 북극성은 혼자네

묘지

어딘들 고성처럼 와닿지 아니한가
술 한잔 먹다 보면 한시름 잊겠더라
남몰래 흘리는 눈물 시도 때도 없구나

성주신 나 몰라라 뛰쳐간 구렁 속에
낱낱이 묻힌 이름 드러낸 슬픈 장지葬地
서둘러 한달음 따라 옷깃 잡고 메인다

돌아올 것이 아닌 먼발치 하늘가에
갔다가 오더라도 안 간 듯 하였더니
날 새면 안개 걷히고 밝은 햇살 비친다

담보擔保

꿈결에 미친 듯이 심장은 가빠지고
고사목 쓰러지듯 몸체는 넋 빠지고
깊은 잠 깨우는 일갈一喝 가지 마오 가지 마

철없던 시절에는 몰라서 멀리 있고
고락苦樂의 사바세계 마지막 불이不二 사랑
무심히 먼저 가려다 귀한 목숨 알았네

죽음을 담보하고 다시 산 중생이라
저 멀리 갔다 오니 어딘들 못 가겠나
이승이 좋고 좋지만, 동행 없인 못 산다

정붙인 세월 동안 못 본 일 없다마는
못다한 세월 있어 못한 일 더 해보자
깨닫는 구법여행求法旅行을 어디든지 가보자

돌아와

먼 곳은 악도惡道이니 가려면 가보거라
가까운 선도善導길에 험담은 거두거라
어딘가 도 닦는 길이 여러 갈래 보이니

드물게 스쳐 가도 상처는 골이 파여
갔어도 안 간만큼 꿀처럼 끈적인다
돌아와 내게로 다시 내려오는 달빛과

험해도 산다 하고 조금만 돌아보자
시종始終은 인우구망 봉封하면 같음이라
갈 길은 이미 왔던 길 아무 일도 없은 듯

노인

살다가
늙어질 줄
젊을
땐
몰랐겠지

뼈와 살
굳었을
때
진작에 잘해 놀걸

괜스레
노여워 마라
후
회
한들
헛일이니

인생 고苦

우는 건 너를 위해 보이기 위함이다
서러운 고민 안고 밤새워 생각해도
도대체 알 수 없는 것, 인자무적 이더라

어질게 살아와도 배고픈 돼지이다
슬프게 쫓아가도 텅 빈 듯 허망하니
알 수가 있을 것 같은 인생 행보 서툴다

골목길 돌아서듯 인심을 떠나본다
잠깐만 살더라도 한가득 주고 싶어
반전의 인생극처럼 사람 사랑 하노라.

슬퍼서 운다

먼 산에 아지랑이 밤새운 빛의 묘기
길목 끝 돌아갈 때 그리운 마음이야
아침은 기어오르듯 이별 노래 부른다

떠날 줄 알았더니 슬픔은 곰비임비
드리운 넋의 혼이 암울이 침전되어
정오의 햇살 아래서 감쪽같이 마른다

밤늦은 하루 끝에 임께서 돌아올까
지독한 뜬눈으로 시커먼 심장 잡고
맹세를 골백번도 더 반추反芻하며 우노라

분신 分身

이 세상 무엇이든 모든 것 한결같아
같음이 따로 없고 다름이 또한 없네
비로소 안 듯 모른 듯 제행무상諸行無常 이어라

우주에 생멸하는 만물의 속삭임은
진정한 순리대로 시비를 멀리하고
만행의 마음 작용은 시생멸법是生滅法 이더라

생하되 멸한 것은 멸한 뒤 생하는 바
밭 갈고 씨를 뿌려 먹고서 살아나니
부득불 살고 죽음이 생멸멸이生滅滅已 하노라

정붙여 고요하고 정 떼어 분탕하니
열반의 즐거움을 얻게 될 순간이라
지금에 적멸위락寂滅爲樂이 꿈이 될까 하노니

태초에 태어나서 말년에 복받는가
고행에 살다시피 행복은 저 멀리로
아서라 분명한 것은 아무것도 없나니

마음이 무이거든 정신이 유이거든
없어진 태초의 몸 찾고자 하려 해도
어느새 분신分身하노라 내가 아닌 나로다

겨울과 봄 사이

백설이 쌓인 길 위 마주 본 네 발자국
사랑이 돌아가면 남는 건 두 발자국
헤어진 겨울만 오면 첫눈에게 하소연

저 멀리 가지 마오 다시는 안 그러오
돌아서 가시려면 남기고 가지 마오
애잔한 봄날이 오면 시작될까 두렵소

봄바람 불어와서 살얼음 녹아날 때
눈망울 초롱초롱 겨우내 얼었던 게
입김이 살아들 오면 다시 한번 보려나

꽃처럼 하얀 눈물 살포시 내리더니
앞가슴 열어두고 삽작문 밀어놓고
오실 이 마당에 들면 눈꽃이라 반길래

개나리

시골길 담장 아래 노랗게 피던 꽃을
똘망한 눈에 담아 한참을 좋아하다
돈 벌 적 살찐 흥분에 넋을 놓고 말았네

백발에 흐릿한 눈 간만에 먼지 떼고
또렷한 시야 얻어 울타리 바라보니
나리꽃 비슷하더만 글자 하나 더 붙네

봄철에 화사하고 가을에 열매 맺는
전령사 감격처럼 깊은 정 다시 와서
비좁은 절벽 어느 곳 고고함을 본다네

꽃 따다 팽이 돌린 소싯적 그때처럼
병아리 별명 따위 병약한 체질 접고
검심에 불꽃 퍼뜨린 나리나리 개나리

나리꽃 예찬

무애無碍의 향기 품은 그대는 꽃이어라
절벽 끝 자생하듯 관상용 뿜어내고
문향文香을 품어버리고 꿈꾸면서 산다네

광풍狂風에 부서지고 햇살에 검어져도
날마다 피어나서 해마다 이루나니
꿈꾸는 아름다운 세상 다 와 감을 알리네

그대가 내다보는 미래는 절벽 위로
설익게 덤벼들어 모난 돌 캐어내고
거친 땅 갈고 엎어서 무사자오無師自悟 이루네

광풍光風이 불어오는 절벽 위 평등 세상
무향無香의 꽃일지나 살갑게 피었으니
한 송이 따르려는 자 학부종사學不從師 통하네

| 해설 |

이토록이나 아름다운 고향문학을 만나
김둘

| 해설 |

이토록이나 아름다운 고향문학을 만나

김돌 | 미루나무숲에서문학연구소 대표

　인간은 제의祭儀를 통해 신과 소통하려 했으며 신이 그들의 염원에 귀를 기울이도록 하려는 방편으로 그들의 마음을 여러 가지 예술 행위로 표현했다. 그런 가운데서 시詩가 탄생했으니, 시는 가히 최고의 예술로 손색이 없을 정도로 정교하고 섬세하게 세상에 퍼졌다.
　시조時調가 충효예忠孝禮의 정신을 담는 그릇의 상징으로 치부되는 오래된 시대는 이미 지났다. 시조의 매력이란 그 어떤 사상이라도 정형의 미학으로 율조를 만들어 낼 수 있다는 것이기에 습작의 고단함을 감수하고서라도 끝내 써 내려가게 된다는 점이다.

　김병찬 시인은 2022년 『나정의 후일』이라는 첫 시조집을 냈고, 2024년 『떨어지는 달』이라는 첫 민조시집을 냈다. 이번에 발간하게 된 시집 『나리꽃 예찬』은 그가 여행길에서 떠오른 감상을 모아 만든 두 번째 시조집이다. 정철의 문학을 보는 듯, 정극인의 문학을 보는 듯, 이호우의 시조를 읽는 듯 개성이 독특한 정형 문학의 정수를 열정적으로 보여주고 있다. 최근의 현대시조는 현학적이며 어렵다는 일반적인 견해가 보편적이다. 지나치게 관념적이고 추상적인 단어의 반복 사용과 율격의 파괴로 인해 시조 본형의 아름다움을 잃어버렸기 때문일지도 모른다. 김병찬 시인의 시조는 정격 시조로써, 고시조의 맥을 이어 깊은 매력을 발산한다. 이번 기행 시조의 보급과 정격 시조의 확대에 크게 이바지하게 될 것이라는 예감이 든다.

이 시조집은 고향인 경북 청도를 중심으로 동-서-남-북쪽으로 여행의 일대기를 그리면서 여행지에 대한 감상을 그려냈다. 작품을 읽는 내내 조선시대 문인 정철의 관동별곡關東別曲이 생각났다. 관동별곡에서 풍기는 흥겨움과 감탄의 느낌은 강하면서도 섬세하다. 부드러운 가운데 고집스러움도 느껴진다.

김병찬의 이번 시조집에서도 흥겨움과 감탄, 섬세함이 고집스럽게 연결되어 있다. 어느 한때, 시인의 오래된 노트를 본 적 있는데 길고 긴 가사歌辭를 습작해 놓았더랬다. 그런 습작이 한 두 편이 아니었다. 가사를 잘 쓸 수 있는 시인을 만난 기쁨이 컸다. 시인이 시조 부문 신인상을 받고 첫 시조집을 낸 뒤 이번 시조집을 준비하는 과정을 지켜보면서 더 폭발하는 에너지를 느꼈다.

이번 시조집의 해설글은 시조의 이해를 뒷받침해 줄 만한 나름의 또 다른 안내서 같은 느낌이 될 것 같다. 어쩌면 시조의 곁에서 다시 써본 여행기라 칭해도 좋을 것이다. 그도 그럴 것이, 시인의 발걸음이 사방으로 분주했고 여행지에서 우러나는 마음이 해설자의 마음에 깊은 감동을 이끌어주었기 때문이다. 어려운 언어로 해설할 이유도 없고 해설글이라는 것이 형식에 짜여있는 것이 아니기 때문에 해설자는 자유로운 방식으로 독백하듯 글을 써보기로 한다.

'시조집'으로 칭했지만, 일반적인 시의 관점에 주목해서 시를 살펴 보기로 한다. 정형시든 자유시든 그것이 중요한 건 아니다. 정형시는 그대로의 매력이 있고 자유시도 그 나름으로 매력이 있다.

이 시집의 소제목은 아름다운 우리말로 묶었다. 제1부 〈새녘 나리〉의 '새녘'은 순우리말이며 동쪽 지역을, 제2부 〈갈녘 나리〉의 '갈녘'은 순우리말이며 서쪽 지역을, 제3부 〈마녘 나리〉의 '마녘' 또한 순우리말이며 남쪽 지역을, 제4부 〈되녘 나리〉의 '되녘' 역시 순우리말이며 북쪽 지역으로 시상을 찾아간다는 의도를 품고 있다. 제5부 〈바람의 나리〉에서 '나리'는 시인의 오래된 순수한 마음을 상징한다. 이 시집의 중심이 되는 부분이다. 즉, 오래된 시인의 순수한 마음을 중심으로 해서 사방으로 펼쳐진 시상의 전개를 기획한 시집이다. 이 해설글이 여행기인지 여행기가 해설글인지 독자는 헷갈리기를 바란다. 시조를 따라 여행을 떠난 것인지, 여행을 하다 시조를 쓴 것인지 모를 정도로 이 책에 푹 빠져 볼 수 있을 것이다. 해설글다운 해설글은 따로 정해진 바가 없다. 이 글은 그 자체로 창작물이다. 시인과 해설자가 하나가 되어 완전한 작품을 세상에 내놓았다. 독자들은 우리의 합일된 우리의 작품을 통해 더 큰 세상을 만나 더 자유로워질 수 있을 것이다.

먼저, 경주 여행부터 시작해 보자.

참방실 / 밖을 보면 / 봄인 듯 따스한데
국화는 / 겨울에도 / 시들지 않고 있어

신라의 / 왕조 기운은 / 숭혜전에 머문다

「겨울 국화」

    경주 숭혜전은 신라 경순왕, 미추왕과 문무대왕의 위패를 모시고 있는 곳이다. 귀한 인연으로 숭혜전에 초대받은 시인은 참봉 나리의 대접을 받고 참방실에 들어가게 된다. 때는 겨울이라 찬바람이 드세다. 두 명의 참봉님이 안내한 곳에서 이런저런 이야기를 나누다가 창밖을 바라보게 된다. 바깥이 저리도 시린데 방안은 이리도 따스하다. 좋은 사람들과 이야기를 나누면서 바라보는 시린 겨울날의 풍경 속에 날카로움은 없다. 이 겨울의 따스한 햇볕 받으며 여전히 생을 살아내고 있는 화단의 국화 때문일지, 그들의 자태는 우아하고 고고하다. 설사 서리맞아 목숨을 잃는다 해도 결코 꺾이지 않을 자존을 지키며 살아가는 이 왕조의 기운이 살갑다.

시름 속 / 식어가는 / 땅속의 물은 검고
시들은 / 꽃대처럼 / 물가에 비친 구름
시작된 / 겨울 애상이 / 나지막이 앓는다

시커먼 연못 속은 / 한세월 다 보내고
시들은 꽃잎 따라 / 물가에 내려앉은
서글픈 가을 만추가 / 서러웁게 우누나

「겨울 연못」

    숭혜전 겨울 국화를 직접 보고자 방에서 나온다. 시인의 마음은 '애상'에 젖는다. 무슨 일로 슬픔의 감정에 휘감겼는지는 확실치 않다. '시들은 꽃대처럼 물가에 비친 구름'이라는 시구를 통해 자신이 서글픈 처지가 되었다고 짐작해 볼 수도 있다. 연못 속에 시들은 꽃들이 고개를 숙이고 있는 모습을 보고 쓸쓸함을 느꼈을 지도 모르겠다. 연못 속에는 하늘의 구름이 떠 있다. 그들은 언제라도 이 겨울의 슬픔에 달래줄 요량으로 담담하게 흐르고 있지만 오히려 연못은 구름이 끝없이 변하고 있음을 보며 여태껏 달려온 인생을 돌아보는 듯하다. '서글픈 가을 만추가 서러움게 우누나'를 통해서 '서글픔'과 '서러움'이 공존하는 공간 속에서 시인의 고독이 한데 어우러져 있다. 겨울 숭혜전의 차가운 겨울 연못의 풍경은 한 줄기 폭포처럼 서늘하다.

> 뒷전에 모시고서 / 햇볕을 업었으니
> 저 먼 곳 눈길 주며 / 앞날을 생각하면
> 일렬의 업보길 마다 / 찬기마저 녹는다
>
> 「미추왕릉」

 숭혜전 뒷문을 나가 미추왕릉으로 들어가자면 '새벽문'이 있다. 이 문은 미추왕릉을 지키는 참봉님들만이 드나들 수 있어서 일반인들은 출입이 불가능하다. 시인은 옛적에 무슨 복을 지어 놓았을까? 참봉님들의 안내를 받으며 그 고귀한 새벽문을 통과할 수 있었으니 말이다. 검은 제복을 입은 참봉님이 새벽문을 삐그덕 열어줄 때 새들이 하늘을 날아오르며 더욱 지저귄다. 그 소리에 시인의 가슴은 더 쿵쾅거린다. 삶이란, 행복이란 이렇게 작고 소박한 것에서 온다는 것을 다시 한번 느끼며 참봉님을 따라 새벽문을 통과했을 것이다. 미추왕릉 가는 길에는 소나무들이 그 윽하게 둘러쳐져 있다. 안개 같은 삶을 걸어가는 속세의 시간이 얼마만큼 아득한가를 느낄 수 있는 성찰의 시간이다.

도착한 미추왕릉은 따스함이 감돌고 있다. 이곳에서 느꼈을 훈훈함이 시어 속에 녹아있다. '햇볕을 업었다', '앞날을 생각하면' 에서 왕릉에 이르러 받게 된 좋은 에너지를 느끼게 된다. 한 겨울 날, 새벽문을 통과해 솔숲을 걸어 왕릉 앞에 서 있는 시인의 모습을 상상해 보라. 그는 자신의 업을 하나씩 지워내며 싸늘한 안개를 녹이고 있다. 그의 두 손에 비친 햇살의 조각이 빛날 때 시인은 이 시조를 구상했을 것이다.

> 각간은 천관보고 / 머물라 했더구나
> 천년이 지난 후에 / 영혼은 탑이 되고
> 재회한 바람의 소리 / 울릴 때도 됐구나
>
> 「천관사지에서」

김유신과 천관녀의 이야기는 널리 알려진 바 있다. 천관사라는 절은 없어진 지 오래되었고 지금은 경주에 천관사지天官寺址만 존재한다. 경주 사람이 아니라면 천관사지를 찾아가기가 어려울 수도 있다. 천관사지는 최근에 다시 손을 봤지만, 외진 들판에 있다. 대웅전과 건물들은 흔적이 없고 탑이 서 있다. 주변에 절의 흔적을 찾을 길 없어서 현지인과 동행하지 않으면 찾기가 쉽지 않은 곳이다. 새벽문을 통과한 시인에게 또 다른 행운이 깃들었다면 바로 천관사지에 순조롭게 발을 들였다는 사실이다.

들판에 서니 바람이 더 세차다. 들녘에 부는 바람은 산바람과 다르다. 골짜기를 훑어내려 와 온 땅을 뒤덮는 것이 산바람이라면 들바람은 생명 하는 모든 땅의 기운을 몰고 다닌다. 바람 속에서는 풀꽃의 냄새와 꽃향기, 생을 다 하다 죽은 어느 동물의 영혼까지 녹아있다. 그렇기에 들바람 속에서는 신령한 영(靈)들의 속삭임까지 들을 수 있다. 그것을 시인은 '바람의 소리'라 표현했다. 얼마나 많이 엇갈린 생명의 환희가 머물러 있었겠는가. 경주 어느 들판 앞에 서서 어느 누군가와 다시 만나고 싶어 하는 시인의 깊은 울림을 독자여 느낄 수 있겠는가.

> 차가운 손바닥을 / 너에게 뻗어본다
> 잡힐 듯 / 천년미소 / 반월성 / 드러내고
> 수줍게 피어오르는 / 천년 속의 / 소녀여
> 「월성의 소녀」

시인의 발걸음은 월성으로 향한다. 신라의 왕궁이었으나 발굴에 엄두를 내지 못했던 곳이었지만 최근 들어 발굴 작업이 시작되었다. 평범한 땅처럼 보였던 곳이 왕궁이었음이 증명되어 가는 역사 속에서 시인의 걸음은 조심스럽다. 혹여, 이 땅을 거닐었던 어느 군주와 발자국이라도 겹칠 수 있는 영광이라도 얻게 될까하여 하심(下心)의 마음을 지닌다. 문화유산 발굴 현장을 거닐던 시인은 자연스럽게 선덕여왕을 떠올리게 된다. 우리 역사상 최초의 여왕이라는 빛나는 이름보다는 군주 이전의 순수하고 열정적인 소녀를 떠올린 시인은 소박한 미소를 드리운 덕만(德曼)공주의 청아한 웃음소리를 상상한다. 궁궐 속에서 들려오는 웃음소리가 귓전에 맴돈다. 마치 그 옛날 덕만공주가 반월성에 서서 서라벌을 내려다보는 듯 신비로운 시간이다. 시인의 얼굴에 미소 피어오른다. 옛 여왕이 현대의 한 시인을 만나는 시간.

> 키가 큰 미루나무 홀연히 사라지고
> 부동의 소나무는 그림자 내려두고
> 봄 햇살 잔디위에로 고루고루 펼친다
>
> 새파란 지섶들이 봉토분 덮어주고
> 둥글어 반원으로 땅속을 끌어안고
> 역사 속 진평대왕은 두 발 뻗고 계시지
>
> 사후에 남겨진 몫 여식이 거뒀으니
> 왕경을 벗어나서 잔잔한 하늘 아래
> 아버지 애타 부르며 가슴 속을 후빈다
>
> 「진평왕릉 다시 보며」 中

진평왕은 선덕여왕의 아버지로, 알려진 왕의 무덤은 월성에서 제법 떨어진 들판 가운데 있다. 언제부터였을지 모를 일이나 왕릉 입구에 미루나무가 서 있었다. 자연적으로 자라난 나무가 아니라 누군가 심었을 것으로 추정할 수 있지만 왕릉 옆에 미루나무의 풍경은 조금은 이질적인 것이다. 이 나무는 외래종이라 외국에서 들여와 누군가 심었을 것이다. 하지만, 낯선 풍경의 시간도 오래되어 진평왕릉이라 하면 항시 그 미루나무와 함께한 그림이 펼쳐지곤 했는데 이날은 미루나무가 사라짐에 놀라고 만다. 가까이 가보니 미루나무들을 전기톱으로 모두 잘라내 버렸다.

'미루나무 홀연히 사라지고'에서 그 사실과 서운함을 느낄 수 있다. 같은 날 월성을 거닐다가 찾아간 진평왕릉 역시 세찬 바람이 불었을 것이다. 그러나 봉분 위에 내리쬐는 햇살이 진평왕을 포근히 감싸주는 듯하다.

'사후에 남겨진 몾 여식이 거뒀으니'를 통해 선덕여왕을 거론한다. 그의 사후 우리 역사 최초로 여왕이 탄생했다. 그러나, 아비 된 처지로 여식을 왕후에 올려놓고 마음이 가벼웠겠는가. 세상의 모진 풍파를 겪어내는 것이 인생이지만 범인凡人과 왕족의 삶은 다른데 얼마나 더한 고충을 겪을 것인지 모르지는 않을 것이기에. 그렇기는 하겠지만 지금도 저 멀리 낭산 자락에 잠들어 있는 선덕여왕은 먼발치에서 아버지를 부르며 그리움에 젖어 있을 것이다.

흙 한 삽 퍼다 날라 금당을 짓노라니
백제와 신라국의 장인들 합심하여
구층의 목탑을 세워 아홉 나라 막고자

서천축西天竺 금과 철로 장륙상丈六像 주조하여
두보살 옆에 모셔 황룡사 이름하고
삼세에 평안하도록 바라옵고 바라네

나날이 새로움을 창조한 덕업일신德業日新
덕으로 온 세상에 펼치는 망라사방網羅四方
신라의 국호마저도 홍익인간 나라 혼

그 후로 통일하여 삼국은 하나 되나

어쩌다 구한九韓 아닌 몽골에 불탔던가

남겨진 심초석 홀로 서러움에 젖는다

「보고 싶은 황룡사」 中

황룡사로 향하는 시인의 마음은 얼마나 가슴 벅차올랐을까. 그 위대한 황룡사를 머릿속으로 그림 그려보는 것만으로도 발걸음이 떨렸을 것이다. 불국토가 되기를 염원하며 한층 한층 올린 황룡사 구층 목탑은 경이로움 그 자체다. 그토록 큰 건물이라서가 아니다. 간절한 마음으로 그토록 견고하고 아름다운 예술품이 탄생했다는 것 자체가 역사에 길이 남을 또 다른 역사의 흔적이 될 터이다.

1연은 황룡사 구층 목탑을 지은 유래를 담고 있고, 2연은 장륙상 주조 연유를 알려준다. 3연은 '신라'라는 나라의 연원을 알려준다. '덕업일신 망라사방'에서 따온 신라新羅라는 이름이 우리 겨레의 혼을 닮았다는 이야기를 강하게 드러낸다. 4연은 기적처럼 태어난 그 구층 목탑이 소실된 이야기를 하며 애통해한다. 이제 '심초석'만이 남아서 그날의 영화로움과 위대한 여정의 역사의 획을 그어줄 뿐이다. 장륙상이 서 있던 자리만이 덩그렇게 홈이 파여 너른 들판에서 초연하게 세월을 견디고 있는 황룡사 구층 목탑의 흔적 앞에 시인의 마음은 안타깝기만 하다. 이렇게 걸어보는 서라벌의 땅엔 숱한 이야기들이 녹아있다. 시로써 표현하지 못할 미세한 감정들이 역사의 굴레 속에서 엉켜 오랫동안 서라벌의 바람 속에 서 있게 한다.

달 담은 / 물 / 속에는 / 연꽃씨 / 내렸으라

한여름 / 고통 같은 / 진 / 흙 / 을 꿰뚫었던

굴곡진 / 삶의 흩트림 / 오고 감이 / 새롭다

「수월루 가교」

 이번엔 경북 영천 귀애정을 향한다. 이곳의 사면四面 연못은 아름답기 그지없다. 특히 연꽃이 연못을 가득 채우는 계절이면 어느 구름 하나 그저 지나치는 법이 없다. 조그만 고택의 이 작은 우주 속에 담긴 메시지는 누구라도 이 우주 만물의 주인임을 말한다.

 시인이 이곳을 찾았던 때는 아직 연꽃이 만개하지 않았던 모양으로 이제 곧 피어날 연화의 세계를 나타냈다. 우리 삶에는 수많은 고통이 지나간다. '고통 같은 / 진 / 흙 / 을 꿰뚫었던' 질퍽한 흙길을 걸어가는 듯 우리의 삶이 녹록지 않다. 자신도 모르게 빠져들어 간 질퍽한 길을 견디는 시간이 지나야만 주어지는 선물은 '새로움을 기다리는 희망'이다. 연 꽃대가 올라올 계절, 어쩌면 먹구름이 하늘을 가득 채워 장맛비가 내리려는 듯한 느낌의 그 어느 초여름, 시인은 질퍽한 고통의 삶을 뚫고 올라오는 희망 담은 꽃대가 언젠가 오리라는 신념으로 그 아리따운 귀애정의 작은 누각에 서 있었을 것이다. '달 담은 물 속'의 첫수가 수월루의 풍경을 고즈넉한 분위기로 이끈다. 한 폭의 그림처럼 귀애정 수월루에 서서 아직 만개하지 않은 연꽃을 내려다보는 나그네의 바람이 절절하게 묻어난 작품이다.

별빛로 지나가니 석양에 물든 하늘
골벌국 들녘 보며 움츠린 가슴 펴면
눈앞에 펼쳐진 배경 영화 같은 이미지

애잔한 여름밤에 물소리 달빛 타고
풀벌레 합창 소리 별빛을 반사하면
한줄기 은하수 물길 달과 별의 교향곡

그대가 보고파서 지긋이 눈감으면
흑갈색 밤하늘에 별들이 반짝이고
그중의 북극성처럼 달려오는 눈동자

기쁨은 살아있고 슬픔은 강 건너고
사랑이 가까우니 무엇이 두려운가
달이나 별들과 함께 만고불변 하자네

「보현산 별 따라」

영천 보현산을 향하는 시인은 평원을 거닐다가 별을 따라가는 여정 속에서 하늘과 땅을 잇는 존재로서 자신을 꿈꾸어 본다. '골벌국 들녘 보며 움츠린 가슴 펴면' 골벌국骨伐國 또는 골화국骨火國은 현재 경북 영천시에 있는 옛 삼한국가 중 변한의 일부이다. 옛 골벌국의 기운을 따라가니 절로 가슴이 펼쳐진다. 옛 삼한에 있는 듯 땅이 활짝 열려있고 하늘도 모든 것을 껴안고 별빛 반짝인다. 얼마나 빛나기에 인간은 홀린 듯 별을 따라나설까.

이날은 시인이 보현산 천문대에 서 보고자 길을 나섰던 모양이다. 마치 세상에서 가장 큰 영화의 스크린인 듯 크나큰 하늘이 열리고 그 속에 무대가 펼쳐진다. '그중의 북극성처럼 달려오는 눈동자'는 두근거리는 그 무엇이 가슴으로 와락 달려오는 별을 맞았을 때의 느낌을 기발하게 표현했다. 마치 사랑을 만난 듯 얼어붙은 듯한 몸은 그저 하늘의 별만 바라보는 듯 한 느낌이다. 그날따라 더더욱 빛났던 북극성은 어느 지나간 연인의 눈빛을 생각나게 했던 걸까. 하늘로 가까워질수록 그 옛날의 사랑이 아름다웠다는 것을 깨닫는 순간, 더 이상의 고통을 느낄 수 없는 무아無我의 세계! 어쩌면 그날 시인은 이미 저 먼 곳에서 스스로 희미하게 빛나는 별이 되었을지도 모르겠다.

멀게만 여겨졌던 우물 골 제일 누정
꽃신을 동여매니 단번에 오겠더라
중천에 떠나왔건만 석양빛이 남았다

멀고도 먼 곳 같은 백제 땅 밟아보니
흙냄새 사뭇 달라 적황토 따스해라
연향기 가슴속까지 품어지는 피향정

연꽃이 가득하면 상연지 풍월 소리
밤꽃이 활짝 피면 하연지 풍류 소리
세월은 흐르고 흘러 연지蓮池까지 합쳤네

연유야 어떠한들 지친 몸 누일 때면

> 이 몸이 선비 되고 소리가 금상水上이라
> 호남의 제일 경승지 선향仙鄕으로 여긴다
>
> 「피향정」 中

 이제 백제 땅으로 간다. '우물 골'이란 현재 지명으로 '정읍井邑'이며 '제일 누정'이란 전북 정읍시 태인면에 있는 조선 중기의 누정樓亭으로 알려진 '피향정披香亭'을 일컫는다. 시인이 사는 고장에서 옛 백제 땅은 거리가 제법 있다. 친척이나 지인이 살지 않는 한 경상도에서 전북으로는 가볍게 떠나볼 수 있는 곳이 아니다. 그 거리감이 몸소 느껴졌던지 1연에 '멀게만 여겨졌던'이라는 시구에 더불어 2연에 '멀고도 먼 곳 같은 백제 땅 밟아보니'라는 표현이 겹친다. 하기야, 그 옛날 신라와 백제는 얼마나 먼 길이었을까. 영남지방과 호남지방의 교류가 쉽지 않았던 것은 물리적인 거리와 심리적인 거리도 있었기 때문이었으리라. 경북 청도 출신의 시인이 전북 정읍에 이르기까지 수십 년의 세월이 걸렸으니 아무리 좁은 땅덩이라 해도 지역과 사람은 어느 정도 인연의 깊이가 따르는듯하다.
 피향정 앞 연못은 상연지와 하연지로 나뉜다. 그곳에 연꽃이 만발하면 옛 선비들이 참지 못하고 누각에 모여들어 연회를 베풀었으리라. 그들의 잔치가 흥에 겨웠으리라는 건 짐작하고도 남음이 있다. 정자 안에 들어가 바닥에 누워보니 환상적인 우물천장이 펼쳐진다. '이 몸이 선비 되고 소리가 금상(水上)이라' 더위가 기승을 부리던 그 한낮, 시인은 자신이 마치 신선이나 된 듯 아득한 꿈속에 빠져든다. 결국 신선의 고향이라 명명하기까지 시인의 꿈은 오래오래 지속되었으리라. 한 번 가 보고는 잊지 못해 다시가 보고 싶은 정자, 우물 골이 시인에게 한여름 밤의 꿈을 선사해 준 것이 아니었을까.

    비우고 명상하면 자연에 동화되고
    숲속길 걸어가면 산소리 푸르르니
    조계문 삼해탈문의 일심一心 상징 웅장타

    천왕문 소나무는 용처럼 꿈틀대고
    악 기운 내쫓고서 한 걸음 더 나가면
    분별이 본전 이르는 불이법문不二法門 지나고

    줄지은 스님들은 박석을 밟으시며
    연기緣起는 백성 보호 염송은 화엄 신중
    현몽신現夢神 꿈속 나투샤 화장세계華藏世界 범어사
                           「금정산 범어사」中

  금정산은 부산에서 가장 높은 산이다. 군데군데 바위가 드러나 있어 늠름한 기세를 자랑하는 곳이다. 시인은 기나긴 솔숲을 걸어 올라간다. 숲이 우거지니 새들의 지저귐은 얼마나 용맹했으랴. 나무로 인해 생명 활동이 더욱 거룩한 곳이 숲이다. 산을 향해 걸어가는 걸음이 구도자求道者와 같아질 수밖에 없는 것은 이런 자연에 대한 경외심이 가슴 깊이 깃들기 때문이다.
  걸어 올라가다 마침 '범어사梵魚寺'에 다다른 모양이다. 천왕문 지나니 소나무들은 서로를 붙들어 안고 있고 말끔한 절 마당에 마침 스님들이 일렬로 지나가고 있다. 시인은 그 찰나, 이 세상

모든 것이 불국토를 이루고 있음을 느낀다. 우리의 삶이 일심一心을 향한다면 지혜에 도달할 수 있다는 부처의 가르침은 모든 만물에서 그대로 드러난다. 박석을 밟고 합장하고 지나가는 스님들의 기도와 솔숲 사이를 가로지르며 날아다니는 작은 새들의 울음소리와 어린아이의 손을 잡고 한 걸음씩 산을 오르는 젊은 아버지의 마음이 어찌 하나가 아니라 말할 수 있으랴. 이 세상의 소리는 모든 마음의 현현顯現이라는 것을 마침 스님들의 행렬을 통해 깨달을 수 있었으니 마침내 시인은 범어사에서 작은 법문 하나를 들은 것이다. '분별이 본전 이르는 불이법문不二法門 지나고'서야 우리들의 어리석음은 작은 지혜라도 얻을 것이다. 무정설법無情說法이다.

    물길은 굽이굽이 낙동강 하구 되고
    발길은 솜털 같고 산길은 융단 같아
    부산의 진산이라는 금정산성 첫걸음

    고당봉 지날 때면 원기가 샘솟는다
    황금색 물기운에 한 마리 금빛 범어
    우뚝 선 바위 위 구멍 석공 솜씨 빛난다.

    천 마리 거북이는 장수를 상징하고
    별주부 만 마리는 충성심 깊다 하니
    금정산 어디에서나 천구만별千龜萬鼈 보인다.

    약수터 샘솟는 물 애간장 녹이면은

> 막걸리 한 사발에 큰 시름 사라지고
> 백발과 잊은 얼굴을 산속에다 묻는다.
>
> 「금정산성」 中

내친김에 금정산성까지 올라가 보았나 보다. 능선과 계곡을 따라 구불구불 축조된 금정산성은 낙동강의 물결과 닮았다. 길게 굽이치다 잔잔하게 돌아치다가 마침내 큰 바다로 흘러 들어가며 퍼붓듯 넘쳐흐르는 낙동강. 먼데 그리운 이가 지나가는 듯 산성은 낙동강을 애잔하게 바라보고 있다. 바윗돌이 산성을 에워싸고 있어 든든한 장수와 같지만 떠난 연인 앞에서는 한없이 가련한 청년처럼 그의 품새는 거침과 부드러움을 모두 아우르고 있다. 그렇기 때문에 사람들은 금정산성을 오르내리며 마음의 위안을 얻는가 보다. 상처를 받아본 사람만이 상처받은 이를 위로해 줄 수 있는 것처럼 산성은 사람들의 거친 마음을 쉼 없이 어루만져 준다.

부산의 자랑이 되는 금정산성, 범어사에 오르는 이들과 내친김에 금정산성에 이르는 사람들은 마침내 막걸리 한 잔과 맛난 파전의 유혹을 뿌리치지 못한다. 입에 한가득 해산물을 머금은 파전을 씹어 먹을 때 바라본 금정의 하늘을 노니는 새들은 얼마나 드라마틱하게 날갯짓하는가. 파전의 식감에 취해 있을 때 한 잔 들이켜는 막걸리는 얼마나 감칠맛 나겠는가. 산성을 오르는 것이 마치 그 순간을 위한 듯한 착각에 빠질 정도라고 하면 과장된 표현이라 할까.

시름을 잊고 현재 이 순간 외의 그 어떤 것도 마음에 담지 않은 채 내려오는 산성 길에서 절로 생사의 깨달음을 얻을 것만 같다.

산세가 크지 않아 황금색 샘물 솟고

서쪽에 파리봉은 칠보중 수정이니

금정산 어디에서건 보석 아닌 곳 없다

억새밭 천국이라 은백색 화랑군무花郎群舞

북쪽에 장군봉은 통일을 기원하니

금정산 어디에서건 호국 아닌 곳 없다

금샘이 인접하여 영험 큰 곳이로고

최고봉 고당봉은 불사가 번창하니

금정산 어디에서건 불국佛國 아닌 곳 없다

산에서 바라보는 동해의 망망대해

그 자리 의상봉은 대호가 포효하니

금정산 어디에서건 망대 아닌 곳 없다

새벽의 총총한 별 기도처 알려주고

닭울음 계명봉은 계명암 전설이니

금정산 어디에서건 전설 아닌 곳 없다

어둠을 헤치고서 동해에 떠오르는

새벽의 원효봉은 새벽의 으뜸이라

금정산 어디에서건 광명 아닌 곳 없다

> 자연의 신비로운 자태를 겨루는 듯
>
> 닭 형상 상계봉은 수십 길 직벽이니
>
> 금정산 어디에서건 매력 아닌 곳 없다
>
> 「금정산의 봉우리들」

이 작품은 '아닌 곳 없다'라는 말을 반복하며 금정산 봉우리들을 찬탄하는 율조가 아름답다. 시조의 매력 중 가장 큰 것은 바로 '운율'의 기묘한 조화로움이다. 이 시조는 정철의 기행 가사 「관동별곡關東別曲」과 정극인의 가사 「상춘곡賞春曲」의 아름다움을 섞어 놓은 듯 흥겹고 미세한 표현이 절묘하다.

1연에서 '황금색 샘물', '수정'으로 표현해 봉우리들을 보석으로 비유했다. 이때 표현 문장은 '금정산 어디에서건 보석 아닌 곳 없다'로 정리했다. 2연에서 '화랑군무花郞群舞', '장군봉'으로 봉우리들을 호국의 상징물로 비유했다. 이를 '금정산 어디에서건 호국 아닌 곳 없다'로 표현했다. 3연은 '영험 큰 곳', '불사가 번창'으로 봉우리들을 '불국'으로 표현했다. 4연은 '동해의 망망대해', '의상봉은 대호가 포효하니'로 어디건 금정산은 망대로서의 적격지임을 말한다. 5연에서는 '기도처', '계명암 전설'로 금정산이 전설을 품고 있는 곳이란 점을 강조하고 있다. 6연에서는 '동해에 떠오르는', '새벽의 으뜸이라'로 금정산의 밝음을 강조하고 있다. 7연에서는 '신비로운 자태', '닭 형상 상계봉은 수십 길 직벽'으로 금정산 봉우리들의 매력을 강하게 드러내고 있다.

이렇게 읽어보는 시인의 시조는 조선의 상춘곡 못지않은 흥겨움을 자아내고 있으며 정철의 기행 가사의 표현법을 웃도는 세련미가 돋보인다.

꽃길로 눈 부리고 / 산길에 땀 내리고

금정산 성곽 따라 / 봉우리 지나치고

확 트인 망루에 올라 / 부산 바다 보노라

화사한 단청 문양 / 구름과 펄럭이고

한바탕 웃어보니 / 금색 빛 무늬 퍼져

마음속 / 깊은 수렁은 / 산성 너머 꺼진다

「망루에 서서」

 금정산에서 떠날 줄 모르는 시인. 어쩌면 그곳 자락에 연로한 모친께서 살아생전 거했던 까닭인지도 모르겠다. 시인의 노모(老母)는 우연히 병을 얻어 고향 청도를 떠나 금정산 자락 요양병원에서 지내다 돌아가셨다고 한다. 부산으로 거처를 옮기신 후 어머님을 자주 찾아뵙지 못해 '금정산'이라는 이름만 나오면 절로 눈물이 나더라고 한다. 코로나로 인해 가족의 면회조차 금지된 때 어머니는 누군가를 기다리다 저세상으로 가셨다고 한다. 그 누군가가 누구인지는 모르겠으나 시인은 생전에 자주 찾아뵙지 못한 불효의 죄를 씻지 못한 자책감을 떨치지 못했다. 살아생전에 어머니를 찾아뵈러 가면 그렇게도 금정산 자락을 쳐다보다 돌아왔다는 시인이 금정산을 이리도 아름답다고 칭송하는 것은 어머니의 생명 활동을 돌봐주었던 산에 대한 예의가 아닐까 싶다.

 망루에 서서 바라보는 금정산의 골짜기가 깊디깊다. 그곳에 '마음속 깊은 수렁'이 존재하는 것일지, 시인은 어머니가 떠나고 난 금정산을 가끔 찾아가며 한없이 고뇌하고 자책한다. 이제는 육신을 벗은 어머니가 자유로워졌음에도 불구하고 '금정산' 생각에 가슴을 졸인다. 이제, 다시 못 만날 이번 생의 사모곡思母曲은 여전히 끝나지 않을 것 같다.

> 허우적 기어 오는 왜적들 말소리가
> 정암진 늪지대에 스미듯 젖어 들 때
> 온몸의 부스럼 같은 가려움이 도져서
>
> 산처럼 우뚝 솟은 햇불은 화살 되어
> 도륙의 본보기를 손꼽아 보였더니
> 날아서 오지도 못해 남강 바닥 훑던 날
>
> 붉은 옷 갈아입은 무사가 유생이라
> 문무를 겸비해도 나란들 알아주랴
> 하물며 적들조차도 그 눈빛을 모른다
>
> 정답이 오답 되니 과거를 버리고서
> 낚싯대 드리우며 남강에 묻을 찰나
> 임진년 그때만큼은 큰 벼슬을 얻는다
>
> 「정암진 대첩 지휘자」

이번에는 경남 의령 정암으로 발길을 돌린다. 정암진 대첩은 망우당 곽재우 장군이 나라를 구한 결정적 전투라고 전해진다. 이 전투로 말미암아 왜 6군의 전라도 진격을 막아 내어 임진왜란

승리의 기세를 몰아 주었다. 그 때문에 이순신 장군이 그토록 크게 활약할 수 있었다고 보는 견해가 많다. 나라님은 전쟁터에 백성을 남겨둔 채 도망하려 했으나 망우당 곽재우 장군은 사력을 다해 조선을 지켜내고자 했다. 그 처절한 몸부림을 남강도 알고 있으리라. 붉은 옷을 입은 곽재우 장군은 '홍의장군'이라는 별명을 얻었다. 육지에서는 곽재우, 바다에서는 이순신이라는 말이 있을 정도로 홍의장군은 백성들의 영웅이었다. 안타깝게도 정암진 대첩을 아는 사람은 드물지만, 그분의 뜻은 길이 새겨 두어야 할 것이다.

'문무를 겸비해도 나란들 알아주랴'에서 홍의장군이 문사와 무사의 자질을 훌륭하게 겸비하고 있고 백성을 사랑하는 마음이 깊었다 하더라도 나라님은 망우당의 충심을 왜곡했음을 안타까워하고 있다. 아무도 알아주지 않는다고 하더라도 홍의장군의 충심은 나라님의 마음보다는 단단한 것이라는 걸 아는 사람은 안다. 시인도 그런 사람 중 한 명일 것이다.

   누구의 형편으로 형평과 혼돈하여
   살고자 잡았거늘 반열에 못 끼누나
   애달픈 목소리 높여 인권 찾아 가보자

   아버지 길러진 뒤 먼 길을 갔다 해도
   남겨논 재산이라 칼질로 허덕인다
   베이는 심장 속까지 조상을 원망하랴

   무심한 배곯이라 슬퍼도 허기 지고

지침은 일상처럼 밤이면 몸져누워

사실은, 살고 싶어도 사는 것이 아니다

「세상을 저울같이」

이곳은 경남 진주. 시인의 발길을 멈추게 한 것은 세상을 올바로 만들어 나가고자 하는 의인義人들이 벌인 '형평운동衡平運動'이었다. 1923년 4월 경남 진주에서 형평사衡平社 활동이 전개되었다. 이들은 '저울衡처럼 평등한平 사회를 지향하는 단체社'였고 활동의 주목적은 차별받은 천민들의 신분 해방이었다. 일종의 인권운동이라고 볼 수 있는데 이러한 운동이 지금으로부터 약 100년 전에 시작되었다는 것이 놀랍다. 가장 차별받던 천민 백정들을 위한 불평등 타파 운동이었다.

'남겨논 재산이라 칼질로 허덕인다'의 시구를 보아서 대를 이어갈 수밖에 없는 백정의 서글픈 현실을 가름할 수 있다. 아버지가 남겨놓은 그 칼로 아버지께 전수받은 그 기술로 먹고 살아가는 백정들의 시름은 얼마나 깊은 것인가. 뒤를 이은 시구는 그런 당사자들의 심정이 녹아 나 있다. '베이는 심장 속까지 조상을 원망하랴' 칼로 베는 것은 소나 돼지의 살이 아니라 자신의 상한 영혼이라는 것이다. 태어나 보니 백정의 자식이라 아버지의 길을 숨죽여 고스란히 걸어가야 했던 한 많은 이들의 심정이 드러나 있다. 누구를 탓할 수도 없고 그렇다고 이런 불평등을 고스란히 안고 살아가기도 서러운 세상, 그런 세상에서 그들이 흘린 눈물을 누가 닦아 주었겠는가.

진주라는 곳은 그런 이들의 짓밟힌 인권을 다시 일으켜 세우려 했던 특별한 도시였다. 조선시대에 혁혁한 공을 세웠던 김시민 장군의 넋과 왜장을 안고 남강에 몸을 던졌다던 논개의 의기가 살아 있는 고장이 그 특별함의 계보를 증명해 준다. 이곳에 머물렀을 때 시인의 심장도 크게 울렁거렸을 것이다.

이 세상은 누가 이끌어 가는가? 민중들이 끈질긴 삶을 영위해 갈 때 누가 그들과 함께 해 줄 것인가. 진주 남강이 위대한 것은 망우당 곽재우를 있게 한 정암의 정기正氣와 형평운동을 시작한 시민의식이 이 나라에서 최초로 싹이 튼 것을 분연히 지켜보고 함께 했던 까닭이다. 비참했던 삶 속에서 서민들은 살아도 사는 것이 아니라는 말을 하게 마련이다. 시인은 그들의 말을 이렇게 대변해 주고 있다. '살고 싶어도 사는 것이 아니다'

> 파사婆娑를 싣고 오다 숨을 곳 가려 하다
> 해풍에 흔들대다 금바다 다 못가네
> 슬픔의 눈물 흘리니 수로왕 손 내밀고
>
> 눈물을 거두고서 행차차 오른 길에
> 농익은 석양 아래 광목천 쳐다보네
> 고향을 그리워하는 허왕후의 눈망울
>
> 「왕후의 노을」

이번에는 경남 김해로 향한다. 김수로왕과 허왕후의 이야기가 듬뿍 담겨 있는 김해를 내려다볼 수 있는 곳은 김해 분성산 분산성이다. 이곳은 낙동강과 넓은 김해평야가 그대로 드러난 곳이다. 이 분산성 꼭대기에 이르면 허왕후가 행차한 곳이 있는데 그곳의 노을이 너무나 아름다워 전국 각지에서 이 왕후의 노을을 보려고 산성까지 올라온다.

  어느 추운 겨울날, 시인도 찬바람 속에 몸을 떨면서 산성에 오른다. 벌써 해가 지려 하고 있고 그 노을을 카메라에 담으려고 올라와 있던 사람들이 일제히 한 쪽으로 고개를 돌렸다. 그것은 노을이 아니었다. 잘 익은 홍시처럼, 옛날 어머니가 그렇게나 먹고 싶어 하던 통통한 홍시의 겉껍질 같은 그림이 한 폭 걸려 있었다. 그 많은 사람이 왜 그 추운 겨울날 추위로 몸을 떨면서도 그 자리에서 사진을 찍고 있는지 그 마음 알게 된다. 아유타국의 공주였던 허왕후는 이곳에 올라 고향을 그리워하는 마음을 달래고 백성들의 안녕을 기도 했다고 한다.

  인근에는 허왕후의 영정이 걸려 있는 '해은사'라는 절이 있다. 그곳에 들러 금관가야의 참모습을 되새겨 보는 시간을 가져도 좋다.

  '농익은 석양 아래 광목천 쳐다보네'을 통해 시인은 그 유명한 노을보다 노을 아래 깔린 '광목천'에 주목하고 있다. 광목처럼 순수한 그 무엇이, 그 순수함의 존재인 그 무엇이, 바람에 흔들리는 그 하이얀 것의 그 무엇이 무엇일지를 상상하는 것은 독자의 몫이다.

      과녁을 맞힌 화살 / 추인이 짊어지고
      줄 타며 올라올 적 / 폭포수 내려보는
      아래위 물줄기 합친 / 화폭 속에 나타나

      외줄에 묶인 채로 / 공포는 제 몫이고
      병사는 나 몰라라 / 과녁만 바라볼 뿐

그대는 마애명磨崖名으로 / 천제연에 남았네

「탐라순력도의 추인」

이제 바다를 건너 제주도로 향해 간다. 시인은 재기발랄한 그림들이 제주도 곳곳에 붙어 있다는 걸 알게 된다. 현대 그림이 아니라 조선시대 그림이다. 이날은 천지연 폭포에 갔는데 다들 사진을 찍느라 한창일 때 한쪽 귀퉁이에 서 있는 안내판을 본다. 바로 〈탐라순력도〉였다. 이것은 1702년 제주목사 이형상이 화공 김남길을 시켜 제작한 기록 화첩이다.

순력巡歷이란 관찰사나 원 등이 관할 지역을 순회하던 일을 말한다. 이형상이라는 관찰사가 탐라도를 순회하면서 그 장면을 화공에게 그리게 했다. 탐라순력도에 그려진 그림은 따로 빼서 제주 명승지에 안내하고 있었다. 이날 시인은 천지연 폭포 앞에 서 있는 '천연사후天淵射帿'라는 그림을 보았다. 폭포 앞쪽에 외줄을 묶고 그 위를 지나가는 사람이 있다. 그런데 자세히 보면 사람이 아니라 허수아비이다. 지금 천지연 폭포에서 활쏘기대회를 하는 중이다. 아슬아슬한 장면이 현실인 듯 그려져 있어서 보는 이로 하여금 긴장감을 느끼게 한다.

시인은 다음으로 천제연폭포에 가게 되는데 이때도 한쪽에 서 있는 탐라순력도를 보게 된다. 그 이름은 '현폭사후縣瀑射帿'. 천제연폭포에서도 탐라순력도를 찾게 되니 스탬프를 찍는 즐거움 같은 재미가 쏠쏠하다. 이 신비로운 그림을 찾는 일이 탐험을 하는 일과 다르지 않다. 이 흥겨운 그림을 보다가 절로 써낸 짧은 시조에서 감탄을 자아내는 시인의 절묘한 시어를 찾아보시라!

일출봉 성산 밑에 뚫린 벽 여럿이라
무심코 들은 사실 몸서리 쳐지더라
어떠한 연유였을까 조심스레 가본다

사삼(4·3)을 떠돌다가 강점기 속내 들춰
그놈들 하려 했던 전쟁 질 남긴 흉터
애절한 치욕 안고도 검은 벽은 말 없다

도민은 슬픈 역사 다행히 멈췄지만
이끼 낀 동굴 안은 슬기가 회오리쳐
흔적은 이리 많은데 말 한마디 못한다

이제는 그냥 둬도 부서질 기미 없고
숨긴들 역사인데 못 보게 막아두니
단숨에 그르친 것은 해일海溢만이 아니다

「슬픈 동굴」

아는가? 제주도 성산일출봉의 슬픔을. 전 국민 대부분이 한번은 간다는 제주 성산일출봉. 그 위용에 놀라 감탄하면서도 기념사진만 찍고 돌아나가는 곳이지만 일출봉의 가슴은 뚫려 있다. 이곳의 뒷면은 태평양전쟁 말기 일제가 파 놓은 동굴로 가득하다. 해안 절벽을 따라 시커먼 구멍이 그토록 크게 뚫려 있고 일반인들은 접근하지 말라는 안내판을 꽂아 놓았다. 하지만 정작 뒤편으로 가 보면 이곳이 일제가 파 놓은 진지동굴에 대해서 비교

적 자세하게 안내해 놓았다. 일제의 식민지에서 벗어난 지 80년이 되었는데도 여전히 진지동굴은 적극적으로 안내하지 않는다.

시인은 그에 대해 분개한다. 일제가 제주도민들을 강제노동시킨 현장이라는 사실도 꼭 알아야 할 일인데도 접근 금지 푯말을 꽂아놓는 건 무슨 의도인지 도무지 이해가 가지 않는다.

'그놈들 하려 했던 전쟁 질 남긴 흉터'란 동굴의 흔적을 말하는 것이며 '단숨에 그르친 것은 해일海溢만이 아니다'란 정녕 진실을 말하지 않는 이들이 세상에 더 큰 재앙을 불러온다는 교훈을 상기하게 한다.

성산일출봉에 가거든 꼭 이 슬픈 동굴 앞에 서 보시라! 그들의 울음소리를 듣고 지금 우리가 무엇을 할 수 있을지 고민해 보았으면 좋겠다.

> 등대로 불어대는 샛바람 거칠어도
> 억새들 갈빛 모아 배편에 기별奇別 주면
> 눈부셔 눈 비비고서 풀빛 융단 밟는다
>
> 최남단 비석 위로 마파람 불어올 제
> 혼 섞인 파도 소리 해식애 포옹하며
> 희귀한 생태계 담아 해녀 물길 살갑다
>
> 동서로, 남북으로 팔방에 불다 보니
> 항해자 표류하여 이 섬에 도착하듯
> 관광객 오고 가면서 금빛 보화 던진다
>
> 「마라도 바람」 中

우리나라 가장 최남단 섬으로 가고 있다. 제주도에서도 배를 타고 들어가는 곳, 내려서 두 시간 정도 남짓 머물 수 있는 곳 마라도. 육지에서 제주도 들어가는 설렘보다 더 큰 기대를 하는 건 우리나라 가장 남쪽에 있는 섬으로 가고 있다는 사실 때문이다. 동쪽으로는 독도, 남쪽으로는 마라도가 분연히 나라를 지키고 있다는 느낌 때문인지 이상하게도 배를 타고 남쪽으로 향하면서 애국심이 발동하는 것 같다.

시인이 마라도에 입성한 것은 푸른 계절인 듯하다. 그의 시구 '눈부셔 눈 비비고서 풀빛 융단 밟는다'를 보면 그렇다. 드디어 마라도에 도착해서 만난 건 먼저 바람이었을 테다. 바람에 몸을 일으켜 세웠다가 허리 휘기를 반복하는 잔디였을 것이다. 어느 시인이 바다를 보며 '융단'이라 하니 금빛 융단처럼 보인다. 마라도를 '풀빛 융단'이라 하니 그야말로 초록의 융단처럼 보인다. 융단을 밟고 지나가는 이들은 모두 세상의 주인공이다. 누구나 세상의 주인공이라는 사실을 마라도는 말해준다.

'해식애 포옹하며'라는 표현의 이미지는 마라도에 가 본 사람만이 알 수 있다. 검은 절벽들이 근육질 과시하며 파도를 맞는다. 파도는 이 멋진 절벽들을 풍성하게 안아 준다. 파도 속에서 들려오는 소리가 해녀의 물질이었는지 바람의 노래였는지는 확실치 않지만, 끝없이 반복되는 이 영혼의 소리가 마라도에서는 행복한 노래가 되어 퍼진다.

관광객들이 던지는 '금빛 보화'란 무엇일까? 이 섬이 인간의 잣대로 바라본 '금은보화'를 좋아할 리 없다. 관광객들이 환호하며 던지는 금빛 보화는 각각의 상상에 맡긴다.

풀벌레 / 소리마저 / 땡볕을 / 녹여내고

다정한 / 문우들이 / 글로써 / 화답하네

습지는 / 옛 시절 간 듯 / 장단 맞춰 / 웃는다

「달성습지」

　대구 달성습지에 섰다. '땡볕을 녹여내고'를 통해 더운 날 습지에 들렀다는 것을 알 수 있다. 시인은 함께 글을 쓰는 문우들과 집필 여행을 간듯하다. 땡볕이 녹여내는 풀벌레 소리라 하니 달성습지 깊은 곳까지 들어간 것 같다. 어느 나무 그늘이 좋은 곳에 앉았을 것이다. 그리고 느껴보는 습지의 바람, 뜨거운 공기, 고요한 곳에 앉아 문우들과 시를 써서 주거니 받거니 했던 모양이다. 지나가는 나그네가 있었다면 그 풍경을 보고 무어라 했을지 궁금하다. 더운 여름날 열기가 식지 않는 습지의 어느 나무 아래서 자작시 읊는 풍류를 즐기는 자를 만난다면 주저 말고 동석해 보라. 자연은 그런 가운데서 가장 아름다운 빛의 선물을 내줄 것이다.

물 없는 / 진흙뻘에 / 물억새 그림 같아

구름은 / 높은 데서 / 바람은 등허리로

폭염의 / 풀길 위에로 / 햇살 보며 걷는다

「대명유수지」

　시인의 발걸음은 달성습지에서 그 옆으로 뻗어있는 대명유수지로 향한다. 넓은 갈대밭이 있고 맹꽁이들이 산다. 시인이 표현한 '물억새 그림 같아'와 같이 이곳 가을 물억새의 아름다움은 전국에서 소문이 나 있다. 바람이 갈대를 잡아 흔드는 가을날이면 연인이며 가족들이 나와서 유수지 위에 설치된 나무다리 위에서 정겹게 사진을 찍는다. 그런 날은 '구름은 높은 데서' 흐르고 '바람은 등허리로' 지나간다. 가을의 절정에 이를 때 유수지의 갈대들은 천상의 춤을 추며 흔들린다. 탄성이란 이렇듯 자연스러울 때 감동적으로 터지는 것이다.

달성습지에서 문우들과 함께 돌아오는 길이었을까. 너무 더우면 사람도 나오지 않는 법이어서 한여름 적막이 흐르는 유수지 나무길을 걸어 나올 때 아무도 없는 이 세상을 활보하며 마음의 문을 활짝 연다. 더운 날일수록 자연은 더 단단하게 결을 다잡는다. 강은 풍요롭고 더불어 인간도 풍요롭다. 낙동강과 금호강과 진천천은 오늘도 하나된다. 달성습지와 대명유수지에 서 있는 시인의 마음은 세상에서 가장 평화로운 존재이다.

> 하늘이 낳았다는 천생산 서쪽에는
> 끝자락 튀어나온 큰 바위 있었는데
> 망우당 흰쌀 쏟으며 검정말을 씻겼대
>
> 왜적들 어리석게 속아서 도망가니
> 아군은 피 한 방울 흘리지 않았다네
> 하늘도 덕을 베풀어 천생산성 지켰대
>
> 전설은 나라 살린 영웅들의 발자취
> 먼발치 바라보는 미덕암 그 위엄이
> 세월 속 그림자처럼 존재하고 있으니

검정말 조각하여 다듬어 세워야지

장군의 지혜로운 무용담武勇談 잊혀질라

산하山河도 하이얀 쌀을 애끓도록 지켰네

역암礫岩이 지천으로 깔린 길 오르기를

돌과 돌 부딪히는 만고의 세월 담고

평생의 삶을 엮어서 붉은 조각 이으라

「천생산성 쌀바위」

　이번에는 경북 구미로 가 본다. 천생산성 쌀바위는 망우당 곽재우의 천생산성 미덕암米德岩의 전설이 깃든 곳이다. 망우당은 산에 물이 많다는 것을 왜적들에게 보여주기 위해 검은 말에게 쌀을 부어 씻기는 시늉을 했다. 왜적은 산성에 물이 많음을 인지하고 스스로 물러났다. 망우당의 천재적인 계략이 후대에까지 내려와 그의 지혜로움에 감탄하게 된다. 이 시조는 그에 관한 내력을 순차적으로 안내하고 있다.

　'망우당 흰쌀 쏟으며 검정말을 씻겼대'는 멀리서 바라보았을 때 산성에 물이 많음을 보여주는 속임수다. '아군은 피 한 방울 흘리지 않았다네'에서는 적군을 물리칠 때 아군의 희생이 적었음을 나타낸다. 전쟁에서 이기더라도 너무 많은 희생을 불러일으키면 회복이 어렵다. 하지만, 멋진 전술로 적군을 완전히 물리친다면 그보다 더 효율적인 전투는 없을 것이다.

　'역암礫岩이 지천으로 깔린 길', 천생산은 역암으로 이루어졌다. 역암은 자갈로 만들어진 퇴적암이다. 한반도의 퇴적암 중 역암은 흔치 않다. 울퉁불퉁한 길을 따라 올라간 망우당의 군사들을 상상해 본다. '만고의 세월' 담고 '붉은 조각 이으라'하니 시인이 망우당을 호명하는 소리 당당하다. 세월 속에 잠든 붉은 조각이란 망우당의 정신일 것이다. 그의 지혜가 오늘날까지 그대로 전해지니 망우당의 무용담은 세세토록 자손들에게도 전해질 것이다.

> 선생의 / 강아지똥 / 향기 난 마을 지나
> 살다 간 / 선생 닮은 / 흙집은 그대론데
> 찾아온 / 문사들 향해 / 흐뭇하게 웃는다
> 「흙집에서」

경북 안동 일직면.「강아지똥」을 쓴 권정생 선생님을 찾아서 간 곳은 살아생전 선생님이 머무르던 흙집이다. 동네에 들어서면 먼저 일직교회가 눈에 띄고 권정생 선생님과 인연으로 동화 작가가 되신 일직교회 담임목사님께서 부지런히 나그네들을 맞이한다. 일행은 목사님께 권정생 선생님 이야기를 전해 듣고 흙집으로 향한다. 명작「강아지똥」은 일직교회에 계실 때 창작했다고 한다. 선생은 돌아가셨지만, 그를 찾는 후배들의 발길이 끊기지 않는 곳이 그 흙집이다.

'선생 닮은 흙집은 그대론데' 흙집은 소박한 정도를 넘어서서 초라한 느낌마저 든다. 이제 선생이 안 계시기에 더욱 허술하게 보인다. 그러나 그 흙집은 자연을 닮은 선생의 마음과 똑 닮았다. 사람은 그렇다. 자연을 닮은 최고의 것을 사랑할 줄 아는 존재. 권정생 선생의 흙집이 이처럼 시로 다시 빛나는 이유다.

찬찬히 밟으면서 / 지그시 눈을 감고

마음속 거친 생각 / 한숨에 삼켜 본다

수미단 깊은 골 아래 / 내려앉은 인생고

「봉정사에서」

어느 가을날이었나보다. 시인이 봉정사에 다다랐을 때 종이 울리고 있었다. 마침, 무슨 공사를 하고 있어서였는지 굴착기가 들어와 있고 페인트 냄새 같은 것이 났다. 무슨 일인가 하고 둘러보니 지나가는 이들이 말한다. 보수공사 중인데 언제 끝날지 모르겠다고. 가던 날이 장날이었으나 봉정사 꽃밭에 핀 어여쁜 들국화처럼 향기로운 사람들의 행렬이 계속되고 곧이어 시인은 대웅전 앞에 머리 조아려 기도한다. '수미단 깊은 골 아래' 고개를 깊이 숙이는 시인에게 수미단 아래에는 깊은 골짜기를 바라보는 짠한 마음이 있다. 인생이 늘 즐거울 수는 없지만, 간혹, 풀썩 주저앉는 절망을 만날 때마다 시인의 마음은 짠하다. '내려앉은 인생고'라 하지만 이제 내려앉았으니 더 내려갈 곳이 없을 때부터 드디어 희망은 시작된다. 바닥 끝까지 치고 나면 다시 훨훨 날아올라 새로운 세상을 만날 것이 틀림없다.

'한숨에 삼켜 본다' 부처님 아래에 합장하면 교만한 마음도 사라지고 흔들리던 마음도 어느덧 고요해진다. 봉정사의 오랜 영험이 내려준 선물이 아니었을까. 시인은 좋은 기운으로 가득 차 합장의 손을 놓지 않는다.

낙동강 저 마다에 생명이 움트누나

병풍이 둘러쳐진 드넓은 강변 있어

병산천 바라보던 이 선비들의 꿈으로

간소한 만대루는 출입을 막아두고

입교당 마루에는 사람들 시끌벅적

백일홍 꽃 시절 지난 병산서원 속으로

「병산서원」

    안동 봉정사에서 발길을 돌려 낙동강이 흐르는 병산서원으로 향한다. '병풍이 둘러쳐진 드넓은 강변' 병산서원이 지니고 있는 풍경의 특별한 아름다움을 묘사한 장면이다. 그 어떤 서원이 이렇듯 아름다운 병풍을 지니고 있을까. 이 서원은 선비들을 위해 하늘이 내려주신 공간일 것이다. 강물이 흘러가는 모습을 바라보며 이 험난한 삶에 위로받으며, 그래도 멈출 수 없는 공부의 길 앞에서 다시 한번 마음을 다졌던 선비들의 모습이 선연하게 그려져 있다. 만대루는 병산천의 아름다운 물과 절벽의 모습을 파노라마처럼 펼쳐 보여주는 건물이다. 하지만 오래된 건물이라 사람의 출입을 금한다. 만대루 올라서서 그윽하게 강변을 내다볼 수 있기를 기대해 보지만, 현실적으로는 불가능하다. 그 아쉬움을 달랠 방법이 없어 한참을 서성거려본다. 시인은 입교당에 올라서서 만대루의 고적함을 대신해 보려 한다. 그러나, 그날따라 서원을 찾은 이들이 많아 소란스럽다. 고적한 서원의 시간을 기대했던 마음은 소란스러움에 밀려버렸다. 서원 밖에는 백일홍꽃이 활짝 피었다. 선비들의 절개를 상징하는 그들에게 경의를 표하며 홀로 있으나 신독愼獨의 예를 지키고자 다짐한다.

하늘 천 공경할 경 우렁찬 남아 소리

강학당 모여 앉아 일성을 내지르니

하늘을 베어낼 듯한 선비정신 움트네

시인이 머물 자리 경렴정 지어놓고

배향한 회천선생 긴 세월 기록 남겨

우리도 시문을 익혀 문장가가 되려네

「소수서원에서」

   이번에는 안동 죽계천이 흐르는 소수서원으로 간다. '강학당 모여 앉아 일성을 내지르니' 서원에서 공부하는 학동學童들의 소리가 들리는 듯 생동감 넘친다. 소나무와 맑은 계곡이 주는 청량감뿐만 아니라 주세붕이 썼다는 '경敬' 자와 이황이 썼다고 전해지는 '백운동白雲洞'이 새겨진 바위의 영험함이 방문객들을 맞이한다. '경렴정 지어놓고' 경렴정은 서원 입구에 자리한 정자로 선비들이 죽계천을 바라보며 시를 짓거나 학문 토론을 했던 장소로 유명하다. 작은 정자이지만 그 기세가 놀랍도록 당당하다. 시인의 발걸음은 서원에 들어서면서 더 느려진다. 지난날의 역사를 밀도 있게 품고 있기도 하고 과거의 시간이 여전히 소멸하지 않는 공간의 매력에 빠졌기 때문이리라.

   '우리도 시문을 익혀 문장가가 되려네' 이 부분을 통해서 알 수 있는 것은 이번 안동 여행 역시 문우들과 함께한 여정이었다는 것이다. 선비의 자취를 찾아, 역사와 문화를 찾아다니는 이들의 발걸음이 낯설기도 하면서 옛 선비들의 풍류와 닮았다.

소수서원을 끼고 흐르는 죽계수의 맑음이란 말로는 표현할 수 없을 정도이다. 쉼 없이 흐르는 물결 사이에서 솟아나는 인간 근원의 생동감! 조선이 추구하는 이상 세계의 문 앞에 당도해 그 문을 열어보려는 사상적 노력과 내공의 힘들이 모여 꿈꾸는 사회를 희망하게 하였으니 그 행위는 인간이 우주로 로켓을 쏘아 올리는 일보다 더 혁신적인 일이었을 것이다. 과거의 지점과 현재의 지점 사이를 왕래하는 이들은 역시 사상의 문을 활짝 열어놓은 이들일 것, 과거의 '경敬' 자 바위는 현재의 방식대로 '경敬' 자 바위로 유효하다는 것을 깊이 인식했던 여행이었음을 감지할 수 있다.

> 어릴 적 장날 되면 엄마 손 깍지 끼고
> 전대는 허리춤에 잔돈을 가득 담고
> 외상값 받으러 가며 운동화 끈 졸랐지
>
> 땅바닥 깔고 앉아 덕 볼 것 없는데도
> 시장이 거래처라 돈통엔 지폐 가득
> 자릿세 낼 듯 안 낼 듯 눈치 보는 촌 할멈
>
> 한숨을 숨기는 듯, 등 뒤로 가봤었지
> 꼬질한 손등 아래 한 움큼 담배 개비
> 첫 마수 아직 못했소, 보란 듯이 으름장
>
> 「오일장만 되면」

 돌아 돌아 다시 고향 청도로 돌아왔다. 그런데 현재가 아니라 과거의 고향 시절 즈음이다. 5일장이 열리던 시절, 어린아이가 시장 구경하며 즐거워해야 하지만 시인의 어린 시절은 조금 특별했다. 허리춤의 전대에 잔돈을 담고 '외상값 받으러 가며 운동화 끈 졸랐지'라니, 평범하지 않은 기억이다. 5일장이 열리면 외상값을 갚지 못한 사람들을 만나 외상값을 받아내야 하는 특명을 받은 모양이다. 어린아이 혼자서 했던 일인지 어른과 함께했던 일인지는 나타나지 않지만 추측해 보건대 아이 혼자서 외상값을 받으러 다니지는 않았을 것이다. 먹고 살기 힘든 시절은 사연도 많다. 누구 하나 애처롭지 않은 이가 없었던 시절을 지나오면서 어린아이였던 시인 역시 매정한 그 현실 앞에서 속이 상했을지도 모를 일이다.

2연은 보다 구체적으로 시장의 풍경을 그려 놓았다. 시장 바닥에 자리를 아무렇게나 깔고 장사하는 촌 할멈의 돈통엔 지폐가 가득하다. 하지만 아무렇게나 깔아 놓은 그 자리마저 자릿세를 내야 하는 상황이었던지 할멈이 자릿세를 내지 않으려고 눈치를 보았던 모양이다. 예나 지금이나 가게를 차릴만한 형편이면 그나마 목숨 부지할 수는 있지만 가게 차릴 돈도 없는 사람들은 난전을 돌아다닐 수밖에 없다. 그나마 5일마다 열리는 장날이면 수입을 얻을 수 있으니 목 빼고 기다렸다가 그날 받은 돈으로 가족들 생계를 이어 나갔을 터이다. 그런 처지에 시장 바닥에서 장사해도 자릿세를 내야 하는 상인들의 입장은 얼마나 애가 탔을까. 그런데 외상값 받으러 다니는 어린 시인과 그의 부모님도 안타깝기는 매한가지다. 시인의 부모님은 장사하는 것도 아닌 듯하고 버젓한 직장이 있는 것도 아닌 듯하다. 어쩌다 얻게 된 임시 직장이 외상값 받으러 다니는 일이나 장날 자릿세 받으러 다녔던 일이었던 모양이다. 모두 먹고 살려는 방편의 일과 서글픈 현실이 한데

섞여 있다.

3연은 그 시절의 모습을 실감 나게 묘사했다. 수십 년의 시간이 지났을 것인데도 선명하게 그려 넣을 수 있는 시인의 언어는 확실히 살아 있다. 율 맞추기 어려운 시조 속에 그날의 심정과 놀라움, 또 한 편으로는 자릿세를 내지 않으려는 촌 할멈의 변명을 구수하게 표현해냈다.

어린 시절, 외상값을 받으러 다니던 그 어린아이는 지금 투쟁적으로 자본주의의 시녀가 되어 있을지 소확행을 좇아가는 평범한 민주시민이 되어 있을지 궁금해진다.

> 두고 온 고향 땅에 서릿발 내리거든
> 그때쯤 녹아내려 씨내린 붉은 꽃은
> 이듬해 입신양명할 / 인재들을 / 찾는다
>
> 무리 진 생김새가 닭의 볏 모양새고
> 곧게도 자라나니 선비를 아는 듯이
> 장독대 돌 틈 사이서 / 독보적인 / 존재다
>
> 「계관화鷄冠花」中

계관화는 맨드라미다. 꽃 모양이 붉은 닭 볏과 닮았다. 옛날 우리 땅에는 토종 식물이 살았다. 현재는 외래종이 들어와 토종과 외래종을 구분하기 어렵지만, 시인이 보았던 맨드라미는 키가 짤막하고 붉디붉은 꽃잎이 풍성했던 토종 맨드라미였던 것 같다. '서릿발 내리거든 그때쯤 녹아내려'를 통해 맨드라미의 생을 잘 이해하고 있다는 것을 알 수 있다. 생태계에서는 온갖 일이 일어

나고 있어서 인간의 눈으로 보고 이해하기 어려울 것이 많다. 자연은 자기들만의 질서를 지키며 유유히 살아간다. 인간들이 어찌 그런 자연의 삶과 대등할 수 있을 것인가.

'곧게도 자라나니 선비를 아는 듯이' 닭 볏의 모양을 보고 선비의 입신양명 출세를 연상한다. 한 포기의 꽃을 보면서도 선비 정신으로 다가가고자 했던 선인들이나 시인의 마음을 읽을 수 있다.

'장독대 돌 틈 사이서 / 독보적인 / 존재다' 평범함 속에서 살아가는 한 송이의 맨드라미이지만 자기 삶에 있어서는 진심이다. 그런 삶의 자세가 더욱 아름답게 비치었으니 장독대에서 듬성듬성 올라와 열정적으로 핀 붉은 꽃이 눈이 부시다. 눈을 뗄 수 없는 존재로서 그 순간만은 세상의 빛이 될 것이다.

> 발갛게 / 익은 감은 / 홍시라 부른다오
> 씨 없어 / 반시라니 / 그 이름 야릇하오
> 씨앗이 / 없을지라도 / 생명됨이 장하오
>
> 「홍시와 반시」

단시조의 아름다움이 그대로 드러난 작품이다. 단 한 수의 시로 독자들의 마음을 끌기란 쉽지 않다. 그래서 단시조 습작의 고뇌는 깊다. 이 시는 홍시와 반시의 특징을 잘 구분해 주면서도 반시의 생명성을 노래한 수작이다.

시인의 고향 경북 청도는 씨 없는 감으로 유명하다. 똑같은 종자라 하더라도 땅에 따라서 나무의 인생이 달라진다. 신비스럽게도 시인의 고향 청도 땅은 그런 인생 역전을 가능케 해 주는 일을 한다. 똑같은 종자라 하더라도 다른 땅에 심으면 감에 씨앗이 생기고 청도에 심으면 씨앗이 생기지 않은 것은 무슨 조화일까? 아무리 과학이 발달한 시대라 하더라도 그 이유를 밝혀내기 어려운 사실이다.

 씨앗이 있는 감만이 대단한 삶을 사는 것은 아니다. 씨앗이 없더라도 그 삶은 대단하다는 것을 시인은 말하고 싶다. 감이 씨앗 없이 태어나고자 해서 태어난 것이 아닐 것이니 그 또한 자연은 주어진 삶에 순종할 뿐이다. 씨앗 없는 감이라 하여 생명력이 없는 존재로 치부될 것을 견디지 못하는 시인은 태어나 누구나 장한 일을 한다며 생명에 대한 존중감을 나타냈다. 사람도 그렇다. 어느 하나 모자라는 듯 보여도 하나 부족하지 않다. 없으면 없는 대로 살고, 있으면 있는 대로 산다. 그렇게 사는 삶이 위대하다. 씨앗 없이 태어난 반시의 삶에 경의를 표하는 시인의 태도에 박수를 보낸다.

   살다가 / 늙어질 줄 / 젊을 / 땐 / 몰랐겠지
   뼈와 살 / 굵었을 / 때 / 진작에 잘해 놀걸
   괜스레 / 노여워 마라 / 후 / 회 / 한들 / 헛일이니
                「노인」

 어린 날, 5일 장터를 다닐 때와 시간적 거리가 너무 멀리 떨어져 버린 작품이다. 인생이라는 큰 산맥을 넘나들며 느꼈던 마음이 절실하다. '젊을 땐 몰랐겠지' 젊어서 모르던 것을 나이 들어 하나씩 체득한다. 그중에서 가장 큰 괴리감을 느끼는 것은 몸의 변화이다. 어릴 적 보았던 지팡이 짚던 할아버지를 떠올리며 지

금 자신의 허약해진 다리 앞에 기어코 시인하지 않을 수 없는 것은 우주의 시간이 너무나 공평하게 팽창과 수축을 반복하고 있다는 사실이다. 오므렸다 펴지는 것은 밀물과 썰물처럼 자연의 한 현상이다. 그 가운데 청춘의 시절이 지나고 믿을 수 없는 노년의 시대가 왔다. 시인은 젊은 시절을 생각하며 여러 가지 상념에 젖는다. '진작에 잘해 놀걸' 이라 하지만, 젊었을 때 미래의 일을 예측하고 절제하고 준비하였다면 그것이 어찌 청춘이겠는가. 수도자의 삶을 택한 몇 사람들을 제외한 젊은이들은 뜨거운 혈기를 감당치 못하여 세계에 대항하기 일쑤이다. 그것이 면죄부라고 느끼는 것은 과연 그 사람의 잘못인가. 그것을 부정의한 것이라 할 수 있는가. 하여간, 시인도 시간이 지나고 보니 너무 많은 것들을 준비하지 못한 것, 어리석게 시간을 낭비했던 과거의 일들을 후회하게 된다.

그러나 시인은 또 '후회한들 헛일이니'라는 부분을 통해서 지난 일에는 집착하지 않으리라 마음 다지게 된다. 후회를 계속 안고 가는 것이 오히려 더 어리석은 일이라는 걸 이제는 알게 되었다는 것이 젊은 날에는 몰랐던 지혜로움이다. 노인이 되는 것을 누가 좋아하랴. 하지만 지나간 것은 모두 그리움이 되는 법이기에 젊은 날이 그토록 아름다운 것이다.

이제 가장 아름다운 우리들의 노년이 두근거리며 우리를 기다리고 있다. 그 길을 당당하게 걸어가자. 그 속에서 '노인'이라는 말은 아무런 의미도 없을 것이다. 감옥은 철창으로 만들어 놓은 공간이 아니라 누군가 이미 규정지어 놓은 단어라는 공간일 것이다. 지난 청춘을 그리워하기보다는 눈 앞에 펼쳐질 지혜로운 노년의 삶을 두근거리며 기다려 보자.

시골길 담장 아래 노랗게 피던 꽃을
똘망한 눈에 담아 한참을 좋아하다
돈 벌 적 살찐 흥분에 넋을 놓고 말았네

백발에 흐릿한 눈 간만에 먼지 떼고
또렷한 시야 얻어 울타리 바라보니
나리꽃 비슷하더만 글자 하나 더 붙네

봄철에 화사하고 가을에 열매 맺는
전령사 감격처럼 깊은 정 다시 와서
비좁은 절벽 어느 곳 고고함을 본다네

꽃 따다 팽이 돌린 소싯적 그때처럼
병아리 별명 따위 병약한 체질 접고
검심에 불꽃 퍼뜨린 나리나리 개나리

「개나리」

  꽃 이름을 부르며 서정적 시상을 펼칠 거라 예상했던 독자들은 적이 당황하리라. 시인의 이 시는 어린 날로부터 시작해 늙은 날까지의 시간적 거리와 봄과 가을의 교차라는 계절적 거리의 구도를 기본으로 하고 있다. 게다가 시에 표현되지는 않았지만 '개나리'의 '개'자가 붙음으로써 잘 몰랐던 진정한 나리의 아름다움을 깜빡 속고 있었던 사실에 대한 어이없음의 감정도 내비치고 있다. 시인은 그토록 좋아했던 노랗고 앙증스러운 '개나리'가 '나리'였다는 사실을 늦게 알게 된다. '개'라는 말이 붙음으로 인해 그 존재의 품격이 떨어진 것이 많지만 그중 가장 오해를 사고 있는 꽃이 '개나리'였다는 사실을 알게 되어 복잡한 심경이 된다. '나리꽃 비슷하더만 글자 하나 더 붙네'라는 부분에서 그 놀라운 심정을 읽을 수 있다.

3연에서 '비좁은 절벽 어느 곳 고고함'이란 바로 원초적인 아름다움을 품고 있는 나리꽃을 두고 하는 말이다. 나리꽃의 생명력은 가히 상상을 초월할 만하다. 절벽 흙더미에서 조그만 씨앗이 발아해 튼튼하게 한 해를 잘 견디는 나리꽃. 바람이 불고 비가 들이닥쳐도 절벽 사이 그 작은 흙더미를 움켜쥐며 생을 꾸려나가는 나리꽃의 강인함과 우아함에 흠뻑 젖게 되는 사실을 알리고 있다.

4연에서 '병아리 별명 따위 병약한 체질 접고'라는 표현은 다시 개나리로 돌아와서 병아리색을 닮은 개나리꽃을 허약한 이미지로 보고 있다는 사실을 폭로한다. 어쩌다가 그토록이나 아름다운 개나리가 병약한 이미지를 대변하게 되었는가. 바로 우리 강산의 아름다움을 한 차원 끌어내리려는 일제에 의한 장난으로, 개념 없는 사람들에 의해서 우리 강산과 정신이 이토록이나 천박한 존재로 내동댕이쳐지지 않았는가.

시인은 이제 그런 굴레에서 벗어나서 그 자체로 빛나는 아름다움을 있는 대로 바라보자고 이야기한다. 개나리는 나리꽃으로 앙증스럽고 귀여움의 극치를 보여주고 있다는 것을 환호하며 말하고 있다.

무애無碍의 향기 품은 그대는 꽃이어라
절벽 끝 자생하듯 관상용 뿜어내고
문향文香을 품어버리고 꿈꾸면서 산다네

광풍狂風에 부서지고 햇살에 검어져도
날마다 피어나서 해마다 이루나니
꿈꾸는 아름다운 세상 다 와 감을 알리네

그대가 내다보는 미래는 절벽 위로
설익게 덤벼들어 모난 돌 캐내고
거친 땅 갈고 엎어서 무사자오無師自悟 이루네

광풍光風이 불어오는 절벽 위 평등 세상
무향無香의 꽃일지나 살갑게 피었으니
한 송이 따르려는 자 학부종사學不從師 통하네

「나리꽃 예찬」

    나리꽃은 7, 8월 뙤약볕에 산과 들에서 자란다. 이들은 그 더운 여름날 야생에서 자신의 본분을 지키며 살아간다. 시인은 노년에 들어서 자신이 사랑하는 꽃이 '나리꽃'이라는 걸 알게 된다. 앞의 시 '개나리'에서 주지하다시피 그 작고 앙증스러운 노랑꽃을 어린 시절부터 좋아했지만 이름의 천박한 비밀을 안 것은 얼마 전 일이라 한다. 그리고 보니 시인이 좋아했던 개나리는 강인한 참나리와 생태적 특징이 닮아 있다. 수십 년간 개나리가 참나리같이 아름다운 꽃이라는 것을 모르고 살아왔다는 것에 대한 부끄러움을 느낀다는 시인은 대담한 삶을 꾸려나가는 나리꽃을 예찬하지 않을 수 없다고 한다.

'절벽 끝 자생하듯'에서 보듯이 야생에서 자라나는 굳건한 꽃이라는 점을 강조한다. '꿈꾸면서 산다네'라는 표현을 통해 험난한 질곡 속에서도 결코 꿈을 놓지 않고 사는 위대한 정신을 가슴에 새기고 있다. 고난과 시련은 '광풍狂風에 부서지고 햇살에 검어져도'로 표현했고 이는 그의 순탄치 않은 삶을 상징한다.

'무사자오無師自悟'란 스승 없이 홀로 깨쳤다는 뜻이다. 그만큼 깊은 시름 속에서 번뇌하며 진리의 길을 따라온 존재라는 것이고 고독과 슬픔 속에서 '진리'라는 등불을 바라보며 생을 불태웠던 존재라는 것을 강조한다. '학부종사學不從師'란 '스승 없이 공부했음'을 일컫는 말이다. 이 역시 그 어떤 이의 일방적인 가르침에 고개 숙이지 않고 다만 홀로 진리의 길을 걸어왔다는 뜻이다.

시인은 나리꽃을 닮아 아름다운 세상을 꿈꾸는 사람을 품고 있다. 그의 고고함을 흠모하여 자신의 모든 것을 내어줄 것임을 약조하는 하나의 의식일 수도 있다. 어려운 삶을 견뎌온 사람들은 말이 없는 법이다. 자신의 고된 처지를 웅변하지 않아도 하늘은 그의 성심을 알아준다. 침묵하며 내면의 성숙을 이룬 사람들이 있다면 어쩌면 시인은 그런 존재들을 나리꽃과 같다고 말하고 싶은 것이 아닐까. 사람에게 기대지 않고 스승을 찾아 나서지 않고 오로지 하늘의 뜻대로 살아가는 그 어떤 누군가는 절벽 위에 굳건하게 사는 나리꽃들이 아닐까. 시인은 그런 나리꽃 같은 사람들이 많아야 세상이 아름다워진다고 믿고 있는 듯하다. 그렇기에 시인의 나리꽃 예찬은 끝없이 이어지는 것이다.

멀고 먼 길을 돌아 나리꽃 예찬으로 끝을 맺는 이 시집 속 작품들을 결국 사랑으로 살아야만 하리라는 메시지를 여러 각도로 전하고 있다. 고향을 중심으로 다녔던 곳의 여정을 밝히는 가운데 남다른 역사의식도 드러냈다. 일반적인 관광을 다닌 것이 아니라 특별한 역사 기행을 다닌 후 쓴 시조라는 점은 구태여 강조하지 않아도 누구나 알 것이다. 그는 이 작품집을 쓰면서 자유와 평등, 그리고 평화를 갈구하는 상징적 메시지를 드러내려고 했던 것 같다. 그의 상념이 머문 곳마다 그의 고뇌가 드러남을 알 수 있었다.

장소를 옮겨가며 혼자만의 시상을 떠올리기도 하지만 문우들과 함께 떠난 여정도 소개된 것을 보면 그 옛날 우리 선비들이 그랬듯 아름다운 장소에 이르러 시 읊기를 주고받았던 시간이 꽤 많았던 모양이다. 요즘 같은 시절에 문우들이 함께 집필 기행을 간다는 것은 여간 소중한 일이 아니다. 큰 규모로 떠난 문학기행은 아닌 듯하고 소소한 몇 명의 동인이 마음을 모아 떠났던 여행으로 보인다. 몇 명의 문인들이 떠난 여행이니만큼 서로 소통의 깊이도 깊었을 것이다.

곳곳에서 역사의 아픔을 느끼고 안타까움과 비통함에 빠진 시인의 모습을 상상해 본다. 그가 어린 시절부터 가장 좋아했던 꽃이 개나리라는 말을 들었는데 알고 보니 그 '개나리'가 '나리꽃'이라는 사실을 알고 놀라워하는 그의 표정이 순진무구하다. 나리꽃의 매력을 알게 된 후 김병찬 시인의 나리꽃 사랑의 마음은 더 깊어진 듯하다. 나리꽃에 반해 버린 그의 마음이 그 옛날 개나리를 사랑했던 어린 소년의 마음과 어찌 다르랴.

김병찬 시인은 옛 선비의 풍류적 문인 정신을 전하기 위해 경북 일대를 여행하며 쓴 시조를 세상에 소개했다. 경상북도는 특히 유·불·선의 흔적이 많이 남아 있는 곳으로 아름다운 우리 겨레를 상징하는 곳이기도 하다. 필자의 시조집이 경북의 멋스러움과 아름다운 정신을 전하는 데 한몫하기를 바란다.

태어난 고향으로 다시 돌아간 시인의 눈에 더 이상 아름다운 장소는 없을 것이다. 김병찬 시인의 문학은 고향 청도의 유년 시절부터 샘솟기 시작하여 노년에 들어 영롱한 빛을 발하고 있다. 그의 고향 문학이 이토록 아름다운 빛으로 세상을 비추게 된 점 축하드린다. 더구나, 경북문화재단에서 창작지원금을 받아 발간하게 된 시조집이라니 고향 문인들에게 얼마나 큰 자랑이 되겠는가!

고향 청도의 기억과 어머니와 어릴 때의 추억을 떠올리며 그 먼 옛날로 돌아가는 듯한 느낌이었다. 그는 청도에서 자라 청년 시절 청도를 떠났다가 노년에 다시 청도로 돌아와 있다. 그의 연필은 청도의 자랑 이호우 시조 시인의 그것처럼 끈질기고 매섭고 다정한 시의 그림을 그리고 있다. 우연인지는 몰라도 그가 현재 살고 있는 집은 이호우·이영도 남매 시조시인 생가와 멀지 않다. 차로 가면 10여 분 걸리는 곳이니 시조를 쓰는 힘이 '청도淸道'라는 고장 어디에 숨어있는 것이 아닐까. 물과 하늘과 정기精氣가 그리도 맑아서 이토록이나 아름다운 시조 문학이 탄생한 것인가!

이 고향 문학이 세상에 널리 읽혀 고향 청도의 정신을 알리는 계기가 될 것 같다. 이 시조집이 아름다운 경북과 이 나라 곳곳의 역사 문화의 숨결이 시조 속에 녹아나 국토여행을 하는 이들에게 영감의 길잡이가 되어주기를 바라는 마음이다.